Franziska Wanninger
Martin Frank

Der famose
Freistaat

Bayern verstehen für
Anfänger und Fortgeschrittene

Rowohlt Taschenbuch Verlag

Originalausgabe | Veröffentlicht im Rowohlt
Taschenbuch Verlag, Hamburg, Februar 2020 |
Copyright © 2020 by Rowohlt Verlag GmbH,
Hamburg | Illustrationen Micha Marx |
Karten Copyright © Peter Palm | Covergestaltung
zero-media.net, München | Coverabbildung
Markus Wagner | Satz aus der Swift bei
Dörlemann Satz, Lemförde | Druck und Bindung
CPI books GmbH, Leck, Germany
ISBN 978-3-499-00190-1

Inhalt

SACHSEN

HESSEN

THÜRINGEN

Saale

Hof

Unterfranken

Coburg

Schweinfurt

Oberfranken

Aschaffenburg

Main

Bamberg

Bayreuth

TSCHECHISCHE
REPUBLIK

Würzburg

Erlangen

Fürth

Nürnberg

Oberpfalz

Rothenburg

Ansbach

BAYERN

Mittelfranken

Regensburg

Eichstätt

Niederbayern

Nördlingen

Ingolstadt

BADEN-
WÜRTTEMBERG

Donau

Passau

Landshut

Günzburg

Augsburg

Isar

Inn

Fürstenfeldbruck

München
(Landeshauptstadt)

Schwaben

Landsberg

Oberbayern

Chiemsee

Ottobeuren

Rosenheim

Kempten

Benediktbeuren

Bodensee

Garmisch-Partenkirchen

SCHWEIZ

ÖSTERREICH

0   20   40   60 km

■ Hauptstadt des Regierungsbezirks

Nachwort

Servus und grüß Gott in Bayern! Sie werden sich sicher wundern, warum hier ein Nachwort steht und kein Vorwort wie sonst üblich. Zum einen dachten wir uns, bevor wir zum Schluss vergessen, was wir eigentlich noch sagen wollten, sagen wir es gleich am Anfang, und zum anderen ist es auch ein kleiner Vorgeschmack, denn Sie müssen wissen: In Bayern gehen die Uhren anders! Nicht nur bei den Ladenöffnungszeiten. Und darauf können Sie sich hiermit schon mal einstellen. Oft wird diese Erkenntnis bemüht, um darauf hinzuweisen, wir Bayern wären konservativer als der Rest der Republik. Nun, das glauben wir nicht und freuen uns sehr, dass Sie sich mit diesem kleinen, aber feinen Ratgeber auf Ihren nächsten Aufenthalt in Bayern vorbereiten möchten. Über 35 Millionen Menschen besuchen Bayern jedes Jahr – Tendenz steigend. Sie sind wahrscheinlich einer davon; genau für Sie haben wir diesen Ratgeber verfasst und alles niedergeschrieben, was man als Außenstehender über Bayern wissen muss. Dabei haben wir den Freistaat keinesfalls glorifiziert und durchaus auch mal tiefgestapelt, denn ein kleines bisschen abschrecken soll unser Ratgeber schon auch. Sonst kommen Sie am Ende ja alle nach Bayern, und wir bekommen selber überhaupt keinen Platz mehr im Biergarten!

Aber keine Angst, wir erklären Ihnen alles: Woher kommen diese Bayern überhaupt? Und warum bezeichnen sie ihr Bundesland als «die Vorstufe zum Paradies»? Was hat es mit dem Schuhplattln auf sich? Warum darf man die Weißwurst nur vor 12 Uhr essen? Sind die Bayern wirklich so gläubig?

Das sind nur einige Fragen, zu denen wir viele Antworten parat haben.

Wir, das sind übrigens Franziska Wanninger und Martin Frank. Bei uns sind Sie in guten Händen. Franziska, Kabarettistin und Oberbayerin seit Generationen und mit abgeschlossenem Germanistikstudium, liefert Ihnen hieb- und stichfeste Beweise, warum der Bayer spricht, wie er spricht, wenn er überhaupt spricht. Martin – Niederbayer – ist Kabarettist und Landwirtssohn aus den Tiefen des Bayerischen Waldes und somit ganz nah dran an der urbayerischen Mentalität. Seine Weisheiten sind nicht wissenschaftlich belegt, kommen aber dafür direkt aus dem Bauch.

Außerdem möchten wir mit diesem kleinen Taschenbuch eine Anzahl an Vorurteilen entkräften, die seit Jahrzehnten, wenn nicht gar Jahrhunderten auf uns lasten.

Vorurteile wie: «Die Bayern trinken so viel Bier!» Gut, das stimmt zwar, aber das muss man uns auch nicht immer vorhalten. Laut einer Umfrage sind wir dicht gefolgt von Nordrhein-Westfalen.

Bei unseren Auftritten werden wir oft mit dem bayerischen «Alkoholproblem» konfrontiert. Vor einiger Zeit gaben wir ein Gastspiel in Duisburg, nach der Vorstellung kam eine ältere Dame auf uns zu und sagte: «Sie sind ja aus Bayern! Sagen Sie mal, wie viele Maß haben Sie denn heute schon getrunken?», und lachte. Wir haben darauf nüchtern geantwortet: «Gnädige Frau, wir in Bayern trinken schon lange nicht mehr in Maß, wir trinken in *Tragl*[1].» Aber das nur als ein Beispiel von vielen.

....

1 Kisten

Da wir beide aus Altbayern[2] stammen, konnten wir natürlich nur aus diesem Blickwinkel schreiben. Sollte sich ein fränkischer oder schwäbischer Leser aus diesem Grund benachteiligt oder sogar schwer übergangen fühlen, so nehmen Sie es uns bitte nicht krumm. Wir haben uns bemüht, ein möglichst umfassendes Bayernbild zu zeichnen, übernehmen aber keine Verantwortung für die Vollständigkeit; wenn Sie also einen Fehler finden, dürfen Sie ihn gerne behalten.

Außerdem werden Sie in diesem Buch des Öfteren mit dem Wort *Preiß*[3] konfrontiert werden. Dieser Begriff bezieht sich aber mitnichten auf Einheimische des ehemaligen Königreichs Preußen, sondern vielmehr auf fast jeden, der in Deutschland lebt und nicht aus Bayern kommt. Fühlen Sie sich also ruhig angesprochen! Die Baden-Württemberger kommen mit Glück noch als *Schwoom*[4] durch, alle anderen sind ganz eindeutig *Preißn*. Wenn man sich über sie ärgert, *Saupreißn*, wenn sie sich in Bayern dauerhaft niederlassen und sich über die zu lauten Kirchenglocken oder gar den Geruch der benachbarten Bäckerei beschweren sogar *elendige Saupreißn*.

Um etwaigen Missverständnissen vorzugreifen, hier noch ein kurzer Exkurs zur richtigen Schreibung. Die historische Schreibweise *Baiern* für das bayerische Staatsgebilde wurde mit Anordnung vom 20.10.1825 durch König Ludwig I., der ein großer Griechenland-Fan war, durch *Bayern*, also mit exotischem *y*, ersetzt. Spricht man aber von der Sprache, die

....

2 Altbayern umfasst die Landesteile des Freistaates Bayern, die in der kulturellen Tradition des mittelalterlichen Stamms der Bajuwaren stehen. Dies sind Oberbayern, Niederbayern und die Oberpfalz sowie einige kleinere angrenzende Regionen.
3 Preuße
4 Schwaben

diese Bayern sprechen, so wird diese nach wie vor nur mit einem «i» geschrieben. Bairisch halt, nicht griechisch.

Des Weiteren wird Ihnen schon beim Inhaltsverzeichnis aufgefallen sein, dass die Überschriften immer nach dem Muster «Der Bayer und …» aufgebaut sind. Liebe Bayerinnen, Feministinnen und Streithanselinnen: Wir wollen wirklich niemanden übergehen, es ist lediglich der einfacheren Lesbarkeit geschuldet, dass *der Bayer* für alle bayerischen Menschen steht. Also für Bayern, Bayerinnen und Bayer*.

Im Übrigen ist Bayern bunt, modern und gar nicht so konservativ, wie immer alle denken.

Wir starten mit einem leicht bekömmlichen Fakten- und Geschichtsteil, tasten uns dann langsam an den Dialekt und den Menschen ran, und zum Abschluss gibt es noch einen kleinen Bayerntest, damit Sie auch gut gerüstet sind. Einverstanden?

Guad, dann fang ma o! (oberbairisch)[5]
Guad, dann fang ma ã.[6] (niederbairisch, Raum Passau)

12

---

5 Gut, dann fangen wir an!
6 Achtung! Dieses «a» wird nasal gesprochen. Vielleicht ein Relikt Napoleons. Vielleicht aber auch nicht.

Der Bayer
und sein Freistaat

Rund 13 Millionen Bayern teilen sich das mit 70 500 km^2 flächengrößte Bundesland der Republik. Das entspricht fast 10 Millionen Fußballfeldern oder 79-mal der Stadt Berlin.

Es erstreckt sich von Fladungen in Unterfranken (nördlichste Gemeinde) bis nach Oberstdorf in Schwaben (südlichste Gemeinde) und von Karlstein am Main in Unterfranken (westlichste Gemeinde) bis nach Neureichenau in Niederbayern (östlichste Gemeinde).

Für alle, die sich unter diesen kleinen Ortschaften gar nichts vorstellen können, möchten wir es vereinfachen:

Bayern erstreckt sich von Aschaffenburg (Unterfranken) bis Berchtesgaden (Oberbayern) und von Passau (Niederbayern) bis nach Lindau am Bodensee (Schwaben).

Sollten Sie mit diesen Ortschaften auch nichts anfangen können, dann seien Sie so gut und googlen es, bevor Sie weiterlesen. Wir sollten zumindest geographisch alle auf dem gleichen Wissensstand sein.

Insgesamt besteht der Freistaat aus sieben Regierungsbezirken: Ober-, Unter- und Mittelfranken, Schwaben, Ober- und Niederbayern sowie der Oberpfalz.

So mancher Bayer behauptet, ihm würden drei Regierungsbezirke reichen: Oberbayern, Niederbayern und der Gardasee.

Beim Betrachten der Bayernkarte fällt Ihnen bestimmt auf, dass Unterfranken geographisch nördlicher liegt als Oberfranken. Beide aber am Main: Oberfranken liegt am Oberlauf des Mains und Unterfranken dann logischerweise am Unterlauf. Durch Mittelfranken fließt der Main gar nicht, aber da oben und unten schon belegt waren, blieb nur noch die goldene Mitte übrig.

Genauso verhält es sich übrigens mit Nieder- und Oberbayern. Hier ist es allerdings die Donau, die diese herabwürdigende Namensgebung zu verantworten hat.

Oberbayern ist mit 17 520 km² und 4,6 Mio. Einwohnern in Fläche und Bevölkerung der größte Regierungsbezirk. Dies entspricht einer Größe von 1,2 Millionen Fußballfeldern und fast 20-mal der Stadt Berlin. Kleinster Regierungsbezirk ist mit 7.231 km² und 1,07 Mio. Einwohnern Oberfranken.

Da wir uns mit diesem Ratgeber einem kleinen Bildungsauftrag verpflichtet fühlen und wir Sie gerne auf das Niveau eines bayerischen Abiturienten heben möchten, hier eine kleine Rechenaufgabe für zwischendurch:

Wenn Oberbayern mit einer Größe von 17 520 km² 1,2 Millionen Fußballfeldern entspricht, wie vielen Fußballfeldern entspricht dann Oberfranken mit einer Größe von 7231 km²?[1]

Des Weiteren gibt es in Bayern 25 Städte mit Bindungsangst – auch kreisfrei genannt. In keinem anderen Bundesland findet man mehr. Bereits hier kann man den bayerischen Drang nach Unabhängigkeit erahnen. Spricht der Altbayer von «Bayern», so meint er in erster Linie sich, ein bisschen auch

::

1 Lösung: rund 495 274 (genau: 495 273,97)

noch die anderen Altbayern, aber niemals die Schwaben oder gar die Franken. Diese spielen erst dann wieder eine Rolle, wenn es um Errungenschaften geht. So heißt es schnell, Levi Strauss[2], der Erfinder der Bluejeans, sei ein echter Bayer gewesen. Selbst Wilhelm Conrad Röntgen, ein Zugereister aus Nordrhein-Westfalen, wurde dank der Erfindung der Röntgenstrahlen der Bayernstatus viel schneller zugesprochen, als es einem normalsterblichen Preißn möglich ist. Er hatte sie schließlich auf bayerischem Boden erfunden, genauer gesagt in Würzburg. Wer hier dagegenhält, dass das aber doch in Unterfranken liegt, wird sich wohl eine verbale *Watschn*[3] einfangen oder gar als *Dipferlscheißer*[4] beschimpft werden. Denn im Erfolg ist der Franke zuallererst ein Bayer.

Aber nicht nur da, auch in anderen Belangen strebt Bayern per se nach dem Superlativ. Die meisten Touristen, der höchste Berg, die kleinste Brauerei mit einer Ausstoßmenge von 500 ml, ja, sogar die meisten Museen befinden sich in Bayern. So zum Beispiel das Kunstmuseum Lenbachhaus in der Landeshauptstadt oder das Europäische Spargelmuseum im oberbayerischen Schrobenhausen, um nur die bedeutendsten zu nennen. Bei dieser Vielfalt ist es kein Wunder, dass ein Fünftel des deutschen Gesamttourismus allein hier stattfindet. Die größte Gruppe der ausländischen Besucher bilden die Amerikaner, die sich meistens das Hardcore-Programm «Bayern in 48 Stunden» oder auch «The 3-Castle-Tour» geben. Beginnend am UNESCO-Weltkulturerbe, der Residenz in Würzburg, geht es weiter zum Schloss Neuschwanstein; wenn es der Zeitplan und die Jahreszeit erlauben, hüpft man

2 geboren im oberfränkischen Landkreis Bamberg
3 Ohrfeige
4 Paragraphenreiter

noch schnell in einen der bayerischen Badeseen, bevor man sich im letzten «Schloss» niederlässt, dem Hofbräuhaus. Hier hat sich schon so mancher Tourist aufgrund der Decken-malerei ein steifes *Gnack*[5] geholt und dann vor lauter Blas-musik und Bierdunst seinen Heimflug verpasst. Das könnte auch ein Grund dafür sein, warum sich die Amerikaner in Las Vegas 2004 einen Nachbau des Hofbräuhauses errichten haben lassen. Ganz oben auf der Liste der beliebtesten Se-henswürdigkeiten stehen natürlich die Märchenschlösser von Ludwig II. – Linderhof, Herrenchiemsee und ebendieses Neuschwanstein in Füssen. An Spitzentagen werden hier über 8000 Besucher hindurchgeführt, die ganzen Influen-cer-Schnuten, denen die Führung zu viel Wissen vermittelt, noch gar nicht mitgezählt. Bei solch reicher Landschaft, Ar-chitektur und Geschichte ist es klar, dass die beliebteste Se-henswürdigkeit Bayerns nur eines sein kann: die BMW-Welt. Ja, das hätte sich der König Ludwig II. auch nicht träumen lassen, dass seine ganzen vielseitigen Ideen und Phantaste-reien irgendwann nicht mehr reichen würden, um einem Kutschenbauer den Rang abzulaufen. Aber die BMW-Welt liegt vermutlich einfach recht zentral, die kann man notfalls auch mal bei einem kurzen Layover mitnehmen, sofern man die hohen Preise des ÖPNVs vom Flughafen nicht scheut.

Was Ludwig II. an Größenwahn vorgelebt hat, wird bis heute gern fortgeführt. Die Bayern lieben die Extreme. So haben sie die niedrigste Scheidungsrate, den größten Bierkonsum und eine der höchsten Selbstmordraten. Spekulationen über etwaige Zusammenhänge verbitten wir uns. Sollten Sie ar-beitssuchend sein, so bleiben Sie uns bitte vom Leib. Bay-

---

5 Genick

ern hat eine Arbeitslosenquote von 2,7 Prozent und ist stolz darauf. Wenn man ein Auge zudrückt und alle Menschen in Arbeitsbeschaffungsmaßnahmen sowie Saisonarbeiter über den Tellerrand fallen lässt, spricht die Landesregierung hier laut und gern von Vollbeschäftigung. Diese variiert aber je nach Auslastung der beiden größten Arbeitgeber BMW und Audi. Bundesweiter Spitzenreiter ist sogar der oberbayerische Landkreis Eichstätt mit 1,3 Prozent. Alle Arbeitslosen sind hier namentlich bekannt.

— **Fun fact** —
Die Automobilindustrie hat in Bayern einen so hohen Stellenwert, dass die Bayerischen Motorenwerke in München sogar eine eigene Postleitzahl besitzen: 80788.

Der Bayer
und seine Herkunft

Die Herkunft des Bayern ist eine hochkomplexe Angelegenheit und erfordert von Ihnen jetzt ein bisschen Durchhaltevermögen – und eignet sich nur mäßig als Gute-Nacht-Lektüre.

Zunächst möchten wir die unschöne Annahme, die Bayern – und vor allem die *Waidler*[1] – seien erst um die Jahrtausendwende von ihren Bäumen runtergeklopft worden, widerlegen. Der Bayerische Wald besteht zum Großteil aus Nadelbäumen, und Baumhäuser sind in der Regel nur in gut verzweigten Laubbäumen möglich. Folglich waren und sind die Bäume des Bayerischen Waldes nicht für eine dauerhafte Residenz geeignet. So, und jetzt zur Herkunft. Sollten Sie glauben, diese Bayern – so wie sie halt sind – seien bestimmt ein Überbleibsel der groben Kelten, dann müssen wir Sie leider erneut enttäuschen. Das reicht nicht.

Zu vielschichtig ist der Bayer, als dass in ihm nur eine Völkergruppe schlummerte. Eine langanhaltende Völkerwanderung und stammesübergreifende Paarungen haben ihren Teil dazu beigetragen. Aber von vorn: Da waren erst einmal die Einwanderer aus Böhmen sowie ein großer keltischer Stamm namens die *Boier*, die den süddeutschen Raum besiedelten. Die *Boier* waren ein mächtiges Volk, lebten in mit Stroh oder Schilf bedeckten Lehmhäusern und waren überhaupt hand-

---

1 Bewohner des Bayerischen Waldes

werklich sehr talentiert. Diese keltische Idylle wurde von den sich immer weiter ausbreitenden Römern gestört, denn diese besetzten Südbayern bis an die Donau. Anfangs stand man sich natürlich skeptisch gegenüber. Das muss man sich mal vorstellen: Da kommen irgendwelche dahergelaufenen Möchtegern-Amigos, gut gekleidet, sprechen nicht mal den heimischen Dialekt und setzen den Boiern einen Holzzaun vor die Nase. Dann ernähren die sich auch noch von Weinbergschnecken, Amseln und Austern. Sie wussten ja nicht, dass es später in der Spitzengastronomie nichts anderes geben würde als Schnecken, Austern und unbekannte Vögel. Dabei hätte es sich doch bis nach Rom herumsprechen müssen: Was der Bauer nicht kennt, pardon, was der Boier nicht kennt, das frisst er nicht! Und andersherum waren auch die zivilisierten Römer brüskiert, auf diesen scheinbar etwas zurückgebliebenen Stamm treffen zu müssen. Weder ordentlich gepflasterte Straßen noch eine Fußbodenheizung fanden sie hier vor! Von der geschmacklosen Haute Couture aus Ziegenfell und Kuhleder wollen wir gar nicht erst anfangen. Und dann hießen sie auch noch *Boier*. Herrje, das klang ja schon wie ein Warmwasserbereiter. Nein, das konnten die Römer beim besten Willen nicht hinnehmen, besetzten das Gebiet und tauschten das «o» kurzerhand in ein «a». Zugegeben, das *könnte* sich so zugetragen haben, bewiesen ist es nicht. Aber eines ist belegt: Der literarisch äußerst begabte Abt Jonas von Bobbio konstatierte in einer heiligen Vita aus dem 7. Jahrhundert: «… die Boier, die man jetzt Baiern nennt!» Und wenn eine solch hohe Geistlichkeit etwas feststellt, dann ist das auch nicht weiter zu hinterfragen.

Im Laufe der Jahre fanden die Boier, die man jetzt *Baiern* nannte, mehr und mehr Gefallen an den römischen Annehmlichkeiten. Verständlich, denn wer liebt nicht die Vorzüge öffentlicher Toiletten mit Wasserspülung, und dann erst dieses regelmäßige Kulturprogramm! Beim Besuch so manchen Gladiatorenkampfes staute sich die gegenseitige Sympathie dermaßen an, dass sie sich unweigerlich in einem keltisch-römischen Babyboom entlud.

Sprachlich haben wir Bayern von den Römern ungemein profitiert. So kommt beispielsweise die echt bayerische *Semmel*[2] vom lateinischen *simila*.[3] Genauso wie die bayerische Grußformel *Servus*[4] ihre Wurzel im Lateinischen hat. Aber wie kann es sein, dass trotz all dem so gut wie gar nichts Mediterranes in der bayerischen Küche überlebt hat?! Bier statt Wein, Knödel statt Pasta und *Presssack*[5] statt Parmaschinken. Zwar ist all das problemlos im bayerischen Einzelhandel erhältlich, und auf Kindergeburtstagen punktet man mit Spaghetti Napoli auch mehr als mit einem Presssack-Carpaccio, verbinden tut man Bayern damit aber nicht. Der Grund dafür liegt *drentahoi*[6], also auf der anderen Seite des *Limes*[7]: ein hochgewachsenes Volk mit blauen Augen und rotblonder Körperbehaarung namens Germanen. Diese rauen Gesellen, welche dem Würfelspiel und einer aus Gerste und Malz gebrauten Flüssigkeit zugeneigt waren, ließen sich von Wasserklosetts und Fußbodenheizung wenig beeindrucken, und somit scheiterte ihre Romanisierung im Jahre 9 n. Chr.

....

2 Brötchen

3 Weizenmehl

4 lat. für «der Diener/Sklave»; Kurzform für «Ich bin dein Diener» oder «Zu Diensten»

5 Presswurst

6 auf der anderen Seite

7 Grenzwall des Römischen Reiches. Verlief von Unterfranken, Mittelfranken und Oberbayern bis nach Ostbayern.

kläglich. Als in Raetia – der römischen Provinz nördlich der Alpen – die Inflation immer weiter zunahm, die Steuerlast immer größer wurde und das zivile und militärische Chaos ausbrach, bröckelte das Römische Reich gewaltig. Irgendwann hielt der Limes den wilden Germanen nicht mehr stand, und sie rückten bis tief ins römische Reich vor. Dabei mähten sie alles nieder, was sich ihnen in den Weg stellte. Rom versuchte noch, alle Römer zurück in den Stiefel zu holen, aber einige Abenteuerlustige blieben und freuten sich auf alles Neue, was da so über den Grenzzaun hereinbrach. Dies führte zu einem aufregenden keltisch-römisch-germanischen Mischmasch, bei dem der Germanenanteil überwog – und Spaghetti bolognese ging mit Dank zurück nach Italien.

Aber damit immer noch nicht genug! Nebenbei war ja noch die Völkerwanderung im Gange. Ostgoten, Westgoten, Hunnen, Langobarden, Markomannen wollten von Ost nach West, von Nord nach Süd und umgekehrt. Der Freistaat liegt einfach so zentral, dass sich die Wege der Wanderer hier kreuzen mussten. Jeder kennt den Satz: *Alle Wege führen nach Rom*, aber nur wenige kennen den alles entscheidenden Nebensatz: ... *aber durch Bayern!* Einige waren verständlicherweise nach dem langen Fußmarsch auch schlicht und ergreifend zu faul, um auch noch über die hohen Alpen zu kraxeln, und wurden sesshaft. In der Wissenschaft bezeichnet man das auch als «Sauhaufentheorie». Vom heute oft besprochenen Urbayern bleibt da nämlich nicht mehr viel übrig. Quasi ein veganer Schweinsbraten: eine Zwiebel und ein Sträußerl Petersilie. Dass der Bayer allen Fremden skeptisch gegenübersteht, könnte hier seinen Ursprung haben. Die Toleranzgrenze des Zuzugs wurde wahrscheinlich bereits mit der Völkerwanderung überschritten.

Schuld an der bayerischen Ablehnung Fremder sind somit die Alpen!

Aber: Diese Ablehnung bezieht sich nicht unbedingt auf Flüchtige aus fernen Ländern, sondern zuallererst auf alle, die *ned vo do*[8] sind. Bereits ein Unterfranke wird demnach in Oberbayern ganz klar ein Fremder sein, wenn er Pech hat, sogar ein Preiß!

Fun fact

Jeder, der sich ums 6. Jahrhundert im Alpenraum[9] aufhielt, wurde als **Bajuware** bezeichnet. Zusammengesetzt aus den Wörtern *Baio*, welches den keltischen Stamm der Boier bezeichnet, und *-ware*, das aus dem Urgermanischen stammt und so viel wie Bewohner bedeutet. *Bajuware* bedeutet somit so viel wie «die Bewohner Boierns». Böse Zungen behaupten, dass aus dem JU in «BaJUware» die spätere «Junge Union» entstanden sein soll. Die Jungen der CSU. Deren Weltanschauung ähnelt zum Teil noch heute der des 6. Jahrhunderts.

8 nicht von hier
9 Oberbayern, Österreich und Südtirol

23

Der Bayer
und sein Charakter

Puh, der bayerische Charakter ist wahnsinnig komplex. Es ist leider nicht möglich, jedem Regierungsbezirk die gleichen Charaktereigenschaften zuzusprechen, denn das würde den Bewohnern nicht gerecht werden. Der Oberbayer ist wieder ganz anders als der Niederbayer. Wir haben mal versucht, Altbayern kurz zu beschreiben.

Oberbayern *(Franziska Wanninger)*

Der Oberbayer ist das personifizierte Mia-san-mia-Gefühl. Stets großzügig, ein bisschen schlitzohrig und ungemein selbstbewusst, das ist er, der Oberbayer. Kein Wunder, denn ist ihm sein Umfeld noch nicht filmkulissig genug, so pflanzt er einfach noch ein paar Kilo Geranien. Strotzt der Oberbayer von Selbstüberzeugung, dann ist der Münchner sein Superlativ, denn der hat wirklich alles: einerseits die Stadt mit ihrem reichen Kulturleben, auf der anderen Seite aber auch die Berge und Seen. Alles liegt direkt vor der Haustür, gleich hinter dem Stau auf der A8. Wie soll der Oberbayer da Demut lernen? Wo doch ganz eindeutig alles Gute direkt aus Oberbayern kommt, ja, sogar der weiß-blaue Himmel kann nur dort erfunden worden sein. Fast mütterlich lächelnd schaut er auf die Niederbayern, die es ja per se schon ein bisserl schwer haben mit ihrer kargen Landschaft und überhaupt. So kommt es, dass selbst die Grenzgänger, die nur einen Steinwurf von Niederbayern entfernt leben, sich johlend auf die Brust schlagen und beharrlich drauf bestehen, Oberbayern zu sein. So wie ich, aufgewachsen zwei Kilometer hinter der niederbayerischen Grenze.

Niederbayern *(Martin Frank)*

Der Niederbayer hat sich charakterlich sehr an seine Landschaft angepasst. So sanft wie seine Hügel, so undurchsichtig wie der dichte Nebel, der diese umgibt, und doch auch so tief wie der Bayerische Wald sind auch die Bewohner. In Großbritannien wären wir wahrscheinlich die Schotten. Nur ohne Rock und Haggis, dafür mit Lederhose und *Knöcherlsulz*[1]. Der Niederbayer ist auch ein eher wortkarger Mensch. Bevor er lange Reden darüber schwingt, was er gleich tun wird, tut er es einfach. Bevor ein Berliner sagt: «Ich will ein Kind von dir!», hast du vom Niederbayern schon drei mit Erstkommunion.

Aber sie haben das Herz am rechten Fleck und geben sich oft mit dem Nötigsten zufrieden. Für eine zünftige Feier mit Familie und Freunden reicht eine Sitzgelegenheit, bestehend aus zwei Bierkästen, auf denen ein breites Brett liegt, völlig aus. Der Niederbayer ist bodenständiger, schlichter und purer als die Oberbayern, die er auch gerne als die *Großkopfadn*[2] bezeichnet.

Entgegen allen Gerüchten sind die Niederbayern nicht alle untereinander verwandt, aber oftmals Arbeitskollegen, denn mehrere tausend pendeln Tag für Tag aus allen Ecken des Regierungsbezirkes in die Bayerischen Motoren Werke nach Dingolfing. Dort schrauben sie dann den 5er und 8er BMW für die Oberbayern zusammen.

---

1 gekochte Schweinefüße in Aspik
2 vermeintlich wichtige und einflussreiche Personen

Oberpfalz *(Jürgen Kirner[3])*

Der Oberpfälzer ist ein überaus kontaktliebender Mensch, der gern Anteil am Leben anderer nimmt. Da unsere Region früher eine absolut touristenfreie Zone war, wurde, wenn sich ein Fremder zu uns verirrte, dieser nicht nur mit einem freudig erregten «Grüß Gott» empfangen, sondern sofort mit zielgerichteten Fragen gelöchert, um ihm essenzielle Neuigkeiten zu entlocken. Geschickte Gesprächsführung war da von großem Vorteil. Diese ist dem Oberpfälzer ganz besonders eigen. Mit einem: «Gell, Sie san nicht von da? San Sie auf der Durchreise oder auf Besuch? Und wenn ja, bei wem?» kam der Eingeborene meist schnell zum gewünschten Wissen. Auch wir Kinder wurden zur stetig bereiten Kontaktaufnahme erzogen. Sobald sich ein paar versprengte, urlaubende Berliner aus dem niederbayerischen Altmühltal auf unsere angrenzenden Oberpfälzer Höhen verirrten, stülpte uns Mama das ärmlich aussehende Gewand aus der Quelle Fundgrubn über und schickte uns zum kommunikativen Betteln auf die Straße.

Oberpfälzer Kabarettisten zeichnen sich deshalb bis zum heutigen Tag durch ihre angeborene und direkte, unverblümte Kontaktfreudigkeit zum Publikum aus.

Was man bezirksübergreifend sagen kann: Der Bayer ist ein eher introvertierter Mensch. Ausnahmen bestätigen natürlich die Regel. Vieles, was er fühlt und denkt, spielt sich hin-

3 Jürgen Kirner wurde 1960 in Hemau in der Oberpfalz geboren. Er ist Fernsehmoderator, Volkssänger, Kabarettist, Autor und Gründer der Couplet AG (Couplet-ArterhaltungsGesellschaft). Außerdem Vater und Erfinder der Brettl-Spitzen im BR-Fernsehen.

ter einer Schicht aus Hornhaut und Bierbauch ab. Er ist in erster Linie Beobachter. Stellen Sie sich eine Jagdszene vor: Strahlt der Jäger zu viele Emotionen aus, wirkt er unruhig und unkonzentriert, verscheucht die Beute, hat somit hungrige Kinder, und folglich hängt der Haussegen schief. Das will der Bayer natürlich vermeiden und zeigt deshalb nur die für den Moment allernotwendigste Emotion – und diese kann auf ein Zucken des Mundwinkels bis gar keine sichtbare Regung minimiert sein.

Er beobachtet still, schmiedet seinen Plan, und im geeigneten Augenblick schnappt er zu. Oder schlichter ausgedrückt: Der Bayer ist effektiv und vermeidet unnötigen emotionalen Kraftaufwand.

Achtung: Großes Stadt-Land-Gefälle

In der Stadt zeigt man grundsätzlich mehr Emotionen als auf dem Land. Was nach der vorherigen Erläuterung logisch erscheint, denn bevor man sich auf dem Land auf die Lauer legt, um einen Hirsch zu erlegen, war man in der Stadt schon bei Alfons Schuhbeck lecker Hirschgulasch essen.

Aufgrund des Stadt-Land-Gefälles kann es aber auch zwischen den Bayern zu Missverständnissen kommen. Treffen die beiden Gattungen Stadtmensch und Landei aufeinander, und die Emotionsfrage ist nicht geklärt, wird es schwierig. Wie schwierig wird es dann erst, treffen ein Bayer und eine Preußin aufeinander, womöglich noch mit Absicht einer längeren Bindung.

Freunde haben uns eine nette Anekdote erzählt: Ein Bayer, nennen wir ihn Ludwig, verliebte sich in eine junge Frau aus Norddeutschland, nennen wir sie Frauke. Aufgrund der räumlichen Trennung versuchten sie, ihre zarten Bande per nächtliches Telefongeflüster weiter zu knüpfen. Mit klopfendem Herzen sagte Ludwig: «Frauke, du gehst mir ab.»

Frauke vermutete irritiert eine üble Aussage unter der Gürtellinie und ignorierte den Satz. Wenige Minuten später fasste sich Ludwig erneut ein Herz und raunte: «Frauke, du gehst mir soooo ab.»

Dieses Mal konnte sie ihre Enttäuschung und Entrüstung nicht verbergen. Innerlich hatte sie bereits mit ihm abgeschlossen, war schweigsam und bereit aufzulegen. Es kostete den Landmenschen Ludwig viel Überwindung, trotz der abwehrenden Haltung noch einmal nachzufragen und gleich die Übersetzung mitzuliefern: «Mei, du fehlst mir halt.» Darum Vorsicht!

28 ———————— *False Friends* ————————

du gehst mir ab = *ich vermisse dich*
mir geht einer ab = *das dürfen Sie sich schön selber übersetzen*

Hören Sie bei einem bairischen Ausruf unbedingt auch auf die Stimmlage. So kann zum Beispiel das Wort *zamrucken* zwei völlig gegensätzliche Bedeutungen haben.
Auf geht's, ruck ma zam! = *an einem Tisch zusammenrutschen, damit sich noch jemand hinzusetzen kann.*
Obacht! Glei ruck ma zam! = *Vorsicht, gleich gibt es Ärger!*

Gehen Sie aber bitte nicht immer gleich vom Schlimmsten aus! Vermeintlich verwerfliche Begriffe sind tatsächlich völlig harmlos.
Hoid dei Fotzn! = *Halt dein Maul!*
Zugegeben nicht unbedingt charmant, aber doch nicht das, was Sie dachten!

Um Missverständnisse zu vermeiden und unnötig Lebenszeit zu vergeuden, klären Sie mit dem Bayern die Emotionsfrage. Die Bayern können diese untereinander auch stillschweigend klären. Ihnen als Außenstehendem empfehlen wir, sie laut auszusprechen. Sie lautet: *Siehg i wias da geht oder siehgst des grod du?*[4]

Erlauben Sie uns einen kurzen Zeitsprung. Bei Venantius Honorius Clementianus Fortunatus handelt es sich nicht – wie man vielleicht beim ersten Lesen vermuten könnte – um die Bezeichnung einer seltenen Stoffwechselstörung, sondern um den ersten Dichter des Mittelalters beziehungsweise letzten Dichter der Spätantike. Nebenbei war der gebürtige Italiener noch Bischof der französischen Stadt Poitiers. Dieser pilgerte einst nach Augsburg, um die Gebeine der heiligen Afra zu verehren, und meinte anschließend in Bezug auf seine Rückreise nach Italien, er könne wieder übers Gebirge zurück, wenn «die Straßen offen sind und dir nicht der Baier entgegentritt!».

«… dir nicht der Baier entgegentritt!» Hier ließe sich auf eine grobe oder gar herausfordernde Charaktereigenschaft des Bayern schließen. Vor einiger Zeit, während einer Zugfahrt von Frankfurt am Main nach Passau, saßen uns zwei hessische Rentnerinnen gegenüber. Sie waren ebenfalls auf dem Weg nach Passau, um dort auf ein Flusskreuzfahrtschiff mit dem Ziel Budapest zu steigen. Ein offensichtlich wortkarger Schaffner betrat den Waggon und forderte mit einem harschen und sehr bairisch gefärbten «d'Fahrkarten» die Fahrgäste auf, dieselbigen vorzuzeigen. Etwas irritiert leisteten

4 «Seh ich deine aktuelle Gefühlslage, oder siehst sie nur du?»

die Rentnerinnen der Aufforderung Folge. Sobald der Kontrolleur aber nicht mehr in Sichtweite war, echauffierten sie sich: «Die Bayern sind aber grob!» Aha! Rund 1500 Jahre nach Venantius Honorius Clementianus Fortunatus nun auch hessische Rentnerinnen. Aber es stimmt: *Mia Bayern san grob, und mia moanans a so.*[5] Gut, zugegeben, das entschuldigt jetzt nicht das fehlende «Bitte» und «Danke» seitens des Bahnmitarbeiters, aber so sind wir halt! Den eigenen Landsleuten fällt die fehlende Höflichkeitsform natürlich auch auf, aber damit hat es sich dann auch erledigt. Man hat es hier einfach mit einem grantigen Bayern zu tun, und der *Grant* gehört zu Bayern wie der «Schnack» zum hohen Norden.

5 Wir Bayern sind grob, und wir meinen es auch so.

Der Bayer
und sein Grant[1]

Das Wort *Grant* kommt wahrscheinlich vom althochdeutschen Wort *grinan*, das so viel heißt wie *murren, knurren, den Mund verziehen*. Das ist aber zu einseitig und trifft auf den missmutigen Bayern nur zum Teil zu. Eventuell kennen Sie ja schon die Geschichte vom *Münchner im Himmel*. Alois Hingerl, Dienstmann Nr. 172 am Münchner Hauptbahnhof, wurde vom Schlag getroffen, kam in den Himmel und frohlockt seitdem als Engel Aloisius mit einem Grant auf allerhöchstem Niveau. Auf den *Zuagroastn*[2] kann das unbeherrscht, grob und niveaulos wirken. In Bayern allerdings ist der gepflegte Grant eine philosophische Höchstleistung. Demjenigen, der ihn beherrscht, gebührt große Anerkennung, denn es erfordert jahrelanges Training, ein guter Grantler zu werden. Ginge es nach uns und dem 1. Grantologen Bayerns, Thomas Grasberger, so würde der bayerische

....

1 «Grant ist ein spezifisch bairisches Lebensgefühl, dessen Einzigartigkeit auch daran erkennbar ist, dass sich der Begriff nur schwer übersetzen lässt. Weder das ausschließlich negative ‹hargneux› im Französischen, das man mit ‹mürrisch, bissig, zänkisch› wiedergeben kann, noch das englische ‹grumpy› (‹brummig, knurrig, mürrisch, griesgrämig, miesepeterig›) treffen den bairischen Grant in seinem Facettenreichtum. Er ist eben einzigartig, hat mehr Humor, mehr Poesie, mehr Zärtlichkeit.» *(*Thomas Grasberger. *Grant. Der Blues des Südens,* München 2012*)*

2 Jemand, der nicht aus Bayern stammt und die Frechheit besitzt hierherzuziehen

Grant sofort in die UNESCO-Liste des immateriellen Kultur-guts aufgenommen werden.[3] Denn nichts ist schöner, als an einem lauen Sommerabend durch eine bayerische Stadt zu schlendern und Gesprächsfetzen aus einem angrenzenden Biergarten zu hören, in dem jemand poltert: *Dem steck ichs Messer so diaf eine, dass a hinten 3 Brezn aufhenga konn!*[4]

──────────────── **False Friends** ────────────────

Grantler = *Jemand, der das Granteln beherrscht*
Grattler = *Herablassender Begriff oder Schimpfwort für*
«Penner», «Asozialer»

Ein Grant kann aus dem Nichts entstehen. Aber Vorsicht! Wenn Sie morgens aufstehen, schlechte Laune haben und diese mit einem schlichten *Ich bin heute schlecht gelaunt!* äußern, hat das noch lange nichts mit einem Grant zu tun. Man kann diese emotionale Gefühlslage zwar als *grantig* bezeichnen, aber ein bayerischer Grant wird es erst, wenn Ihre verbalen Auswürfe tiefsinnig, doppeldeutig oder philosophisch wertvoll sind.

Wir möchten Sie hiermit auch offiziell warnen: Der bayerische Grant schreckt vor niemandem zurück. Vor allem sind Sie als *Zuagroaster* ein sehr beliebtes Opfer.

Wenn Sie angegrantelt werden, dies aber nicht erkennen und sich lautstark darüber aufregen, dann gibt es zwei Möglichkeiten, wie der Bayer reagieren könnte:

....

3 leider noch nicht anerkannt
4 Dem steck ich das Messer so tief rein, dass er hinten drei
   Brezen aufhängen kann.

1. Der Bayer ist leicht verletzt, denn ein Granteln soll doch gar nicht so ernst genommen werden. Schließlich ist die Kunst des Grantelns, sich gegenseitig zu beleidigen, ohne dass jemand wirklich sein Gesicht verliert. Im Granteln ist auch immer ein Stück Herz dabei, sodass der andere weiß, es ist eher eine versteckte Wertschätzung als ein wirklicher Angriff. Denn *angegrantelt* wird ohnehin nur der, der für den Grantelnden interessant genug ist. Ein *Griasdi, du oida Baazi*[5] bedeutet nichts weiter als «wir sind so eng miteinander, dass wir es uns leisten können, uns anerkennend zu beleidigen». Es ist also eine Art Auszeichnung und will auch als solche verstanden werden.

2. Der Grantler wird dadurch ermuntert und lässt nicht so schnell von Ihnen ab. Er hat sich in Ihre Empörtheit verbissen wie ein Hund in stramme Bergsteigerwaden. Auf eine mögliche Hilfe und Unterstützung von anderen Anwesenden können Sie nicht hoffen, denn Sie tragen gerade zur allgemeinen Belustigung bei.

Egal wie der Bayer reagiert – wenn Sie Ihre Ehre bewahren wollen, gibt es nur eine Möglichkeit: Zurückgranteln. Der, der den Grant beginnt, hat es noch relativ einfach. Spannend wird es beim Kontragrant. Probieren Sie es aus. Jetzt vielleicht nicht unbedingt mit Ihrem neuen Chef, aber eventuell mit einem Kollegen oder Ihrem Sitznachbarn im Zug, Flugzeug oder Auto. Bald schon werden Sie nicht mehr aufhören können.

....

5 Grüß dich, du alter Schlawiner!

Folgende Formulierungen gehen immer …

… wenn Sie auf offener Straße angegrantelt werden: I glaub, dass ma Föhn ham, weil i bis nach Deppenhausen schaun kann![6]

… wenn Sie im Wirtshaus von der Bedienung angegrantelt werden: (unfreundlich) Und, hod's gschmeckt?[7]

Also, I hob scho besser g'essn.[8]

Ja, aber ned bei uns.[9]

Um auch einmal die Oberhand zu haben, können Sie auch einen Grant beginnen.

Im Zug: *Glaubstas! Ihr habt's heid eine Verspätung beianand, mei Tochter hod ogruafa, sie hod in der Zwischenzeit zwoa Kinder griagt.*[10]

Bei unangenehmem Besuch der Verwandtschaft: *Scheinbar rengts draußt, weils an Dreck so einachwoabt!*[11]

Beim Metzger: *Hod de Sau da Schuhbeck gfuadad, weil da Speck so deia is?*[12] *Griag i vo dem Schnitzel a Fuaßboiamannschaft satt? Kostn dad ses!*[13]

Grant bedeutet also auch, dass man um der lockeren Stimmung willen durchaus kleine Beschimpfungen ausstoßen

....

6 «Ich glaube, wir haben heute Föhn *(warmer Fallwind aus dem Gebirge)*, denn ich sehe auf der Straße nur Idioten!»

7 «Und, hat es geschmeckt?»

8 «Also, ich habe schon besser gegessen.»

9 «Ja, aber nicht bei uns.»

10 «Meine Güte, ihr habt heute so eine Verspätung! Meine Tochter hat eben angerufen und gesagt, sie hat in der Zwischenzeit zwei Kinder bekommen.»

11 «Offensichtlich regnet es draußen, weil es den Dreck so hereinspült.»

12 «Hat die Sau Alfons Schuhbeck gefüttert, weil ihr Speck so teuer ist?»

13 «Das Schnitzel ist so teuer, für den Preis müsste ich eine ganze Fußballmannschaft satt bekommen!»

darf. So ist der Ausruf «*Du bist ein Hund!*» keineswegs eine Beleidigung, sondern vielmehr ein Ausruf großer Bewunderung. Ebenso verhält es sich mit vermeintlich klaren Beleidigungen. Trifft sich ein Bayer etwa mit einem befreundeten Ehepaar und sagt zu dem Herrn: «*Jetzt hab i scho denkt, mia kanntn uns an scheena Omd macha, dawei host du d'Regierung dabei*»[14], so wird ihm das vermutlich niemand übel nehmen. Zum einen wird die Anwesenheit der Dame besprochen und nicht übergangen, was tatsächlich unhöflich wäre, zum anderen dient dieser Ausruf lediglich der guten alten Tradition des *Grantelns*. Die Ehefrau wird daraufhin vermutlich lachen oder mit einem liebevollen «*Du bist doch ein soichana Depp*»[15] kontern.

─────────────── *Merke:* ───────────────

Stufe 1: *A Hund bist scho!* = großes bayerisches Kompliment!

Stufe 2: *Du bist ein verreckter Hund!*[16] = noch größeres bayerisches Kompliment!

Für eine Beleidigung können sie sämtliche Tiere verwenden, für ein Kompliment lediglich den Hund!

─────────────── *False Friends* ───────────────

Du blöder Hund gilt in Bayern ebenfalls als Beleidigung!

· ·

14 «Jetzt habe ich mir gedacht, wir könnten uns einen schönen Abend machen, dabei hast du die Regierung dabei.»

15 «Du bist ein solcher Idiot!»

16 «Du bist ein toter Hund!»

In der Vorbereitung auf dieses Buch dachten wir, wir erklimmen als Teambuilding-Maßnahme gemeinsam einen Berg. Wie es sich für richtige Bergsteiger gehört, kauften wir uns extra teure Ausrüstung, fuhren an den Herzogstand und stellten uns dort an der Seilbahn an. An der Kasse saß ein richtig *hoglbuachana*[17] Bayer, drüber ein Schild mit den Preisen. 12,50 Euro für Erwachsene, Hunde 4 Euro.

Dann wollten wir einen Witz machen, und Martin sagte: *«Ja, also eine Erwachsene und mei, bei mir song d'Leid, a Hund bin i scho.»*[18]

Daraufhin der an der Kasse: *«Ja, aber Sauhund kosten a 12,50!»*

Das Bairische lebt von seiner sehr bildhaften Sprache. Einfache Sätze sind dem Bayern oft zu langweilig, denn er äußert sich gerne metaphorisch.

Hier ein Beispiel.

Hochdeutsch: Ich warne dich! Das kann hier böse enden!

Bairisch: *Vorsicht, a Liter Bluat is schnej verbritschelt!*[19] *A Pfund Ohrwaschl is schnej brockt!*[20] *Da Watschnbam foid glei um!*[21]

Für gewöhnlich bringt selbst ein auf den ersten Blick blutrünstiger Spruch (s.o) die Umstehenden nicht aus der Fassung. Hier bedient sich der Bayer lediglich des Stilmittels der Übertreibung, um einen möglichst lustigen und schlagfertigen Satz zu positionieren.

....

17 derb, unverwüstlich
18 «Eine Erwachsene, und bei mir sagen die Leute: Ein Hund bin ich schon.»
19 «Vorsicht! Ein Liter Blut ist schnell verschüttet.»
20 «Ein Pfund Ohren ist schnell gepflückt.»
21 «Der Ohrfeigenbaum fällt gleich!»

Auch in Bezug auf die Liebe drückt sich der Bayer viel pragmatischer aus. Eine sehr beliebte alte Stammtischweisheit, die heute noch genauso ihre Gültigkeit hat, besagt: «*Wos'd da daheiradst, muast da ned daoabatn.*»[22]

So mancher überzeugte Junggeselle bringt auch gerne mal seine Einstellung mit den Worten «*Besser zwoa Ring unter de Aung ois wia oan am Finger*»[23] auf den Punkt. Und falls sich jetzt die ein oder andere Dame denkt, das seien alles typische Männersprüche, dann kennt sie die bayerischen Frauen nicht. Auch die können ihren Grant auf die Männerwelt mit einem «*Oiso mi wunderts ned, dass so vui scheene Manna umanandalaffan. S'Glump hama ja mia zamgheirat!*»[24] Luft verschaffen.

Aber nur weil der Bayer gerne grantelt, heißt das nicht, dass er von immerwährender Unzufriedenheit geplagt ist. Im Gegenteil, die Bayern sind sogar ein wahnsinnig zufriedenes Volk. In einer Umfrage haben 97 Prozent aller Bayern angegeben, dass sie sich in ihrer Heimat wohl und zuhause fühlen. Von den nach Bayern Zugezogenen waren es sogar 104 Prozent.

Grund dafür könnten sich im nachfolgenden Kapitel finden.

....

22 «Was du dir anheiraten kannst, das musst du dir nicht erarbeiten!»
23 «Besser zwei Ringe unter den Augen als einen am Finger!»
24 «Also mich wundert es nicht, dass so viele schöne Männer herumlaufen, den Schrott haben ja wir geheiratet.»

Der Bayer
und seine Gemütlichkeit

Was den Franzosen ihr *Savoir Vivre* und den Italienern ihr *Dolce Vita* ist den Bayern die *Liberalitas Bavariae* – leben und leben lassen. Ähnlichkeiten mit dem Ausspruch «Jeder soll nach seiner Fasson selig werden» sind im Übrigen rein zufällig, denn das hat Friedrich II. verlauten lassen, und der war ja bekanntlich ein Preiß und damit schon rein von der Herkunft her ganz weit weg von der bayerischen Gemütlichkeit.

Denkt man also an die bayerische Lebensart, so denkt man zuallererst an den größten Stolz der Bayern: den Biergarten. Dieser ist übrigens aufgrund eines Problems in der bayerischen Brauordnung von 1539 entstanden. Darin war das Bierbrauen nur zwischen Herbst und Frühling erlaubt[1]. Der Brauer Joseph Pschorr und seine Frau Maria-Theresia Hacker kamen auf die Idee, einen riesigen unterirdischen Bierkeller zu bauen, um den Gerstensaft den Sommer über kühl lagern zu können. Darüber pflanzte man Kastanien, die Schatten spendeten, und so entstand oberhalb ein gemütlicher Garten, der sogenannte Biergarten. Ein Ort, an dem die einzig gestresste Person diejenige hinter dem Ausschank sein darf. Im Biergarten treffen sich Menschen unterschiedlichster Couleur. Finanzieller Stand, Bildungsschicht, Glaubensrichtung und sexuelle Orientierung sind hier Nebensache. Denn mit einer kalten Maß Bier in der Hand sieht jeder gleich gut aus.

....

1 Im Sommer aufgrund der Brandgefahr beim Sieden verboten

Wenn dann noch aus irgendeinem Eck der Satz *Jetzt schau ma amoi, dann sehng mas scho!*[2] ertönt, erleben Sie die bayerische Gemütlichkeit in ihrer reinsten Form. Die Biergartenkultur ist unseres Wissens auf der ganzen Welt einzigartig. Denn wo sonst ist es möglich, das Essen selbst mitzubringen und nur die Getränke zu bezahlen? Hier profitieren die Bayern noch heute von einem historischen Konflikt. Viele Biergärten entstanden vor den Toren Münchens und zogen jede Menge Besucher an. Das ärgerte natürlich die Münchner Brauer, denn sie durften ihr Bier nicht direkt verkaufen. Es kam zu einem Bierstreit, den König Maximilian I. Joseph von Bayern mit der Biergartenverordnung von 1812 entschärfte, die den Brauern zwar den Bierausschank erlaubte, aber nicht

— *Fun fact* —

Die Gemütlichkeit ist des Bayern höchstes Gut und schallt als «Ein Prosit der Gemütlichkeit» bei jedem Volksfest aus den Zelten. Dieses urbayerische Lied wurde übrigens – Tatsache – von dem Sachsen Bernhard Dietrich komponiert. Gott sei Dank haben wir noch ein weiteres Stimmungslied. Bei «In München steht ein Hofbräuhaus» stehen auch alle innerhalb von Sekunden glücklich schwankend auf den Bierbänken. Komponiert wurde es von Wilhelm Gabriel, einem Berliner. Das bleibt aber bitte unter uns.

2 Jetzt warten wir erst einmal ab, dann sehen wir es schon!

den Verkauf von Speisen. Also brachten die Leute ihre Brotzeit halt selber mit. Heute findet man in den Biergärten auch eine große Auswahl an Gerichten, es ist aber nach wie vor üblich, mit Picknickkorb aufzuschlagen.

Eine wichtige Voraussetzung der bayerischen Gemütlichkeit ist die Gesellschaft von anderen. Natürlich kann es alleine auch gemütlich sein, aber in Bayern gilt zumindest im Biergarten das *Zamsetzen*[3]. Ganz nach dem Motto: «*Hockts eich hera, na samma mehra!*»[4] Dieses Verhalten kennen manche vielleicht auch aus Italien, was die Abstammung der Bayern von den Römern bestärkt.

Die bayerische Gemütlichkeit wurde als Franchisegefühl in die ganze Welt exportiert. Egal ob Brasilien, USA, China oder Russland: Über den ganzen Globus verstreut findet man Hofbräuhäuser, deren Ziel es ist, Ihnen dieses Lebensgefühl vorzugaukeln.

Allerdings ist die bayerische Gemütlichkeit vom Aussterben bedroht. Es gibt immer weniger Stammtische; wir befürchten, dass man sie irgendwann nur noch in Museen findet. Dort können sich dann Rentner ihr Einkommen aufstocken, indem sie sich an einen Tisch setzen und miteinander Karten spielen, während interessierte Touristen Selfies schießen mit dem #lastbavarianstammtisch. In Wirtshäusern erkennt man den Stammtisch übrigens meist an dem massiven gusseisernen Schild *Stammtisch* und an dem Spruch *dositzndedeschoollaweidositzn*.[5] Ein in Bayern beliebter Sport

....

3 Zusammensetzen
4 «Hockt euch her, dann sind wir mehr!»
5 do|sitzn|de|de|scho|ollawei|do|sitzn, zu Deutsch: Hier sitzen die, die hier immer schon sitzen.

ist auch die kreative Namensgebung der Stammtische, zum Beispiel *d'Noagalzutzla*[6] oder Spätheimkehrer. Anders als im Biergarten bleibt Fremden der Zugang zum alteingesessenen Stammtisch meist verwehrt.

Bei einem unserer letzten Auftritte suchten wir im rappelvollen Wirtshaus einen Platz zum Essen. Gerade als wir uns an den Stammtisch setzen wollten, sagte einer, der mit seinem Stammplatz seit Ewigkeiten verwachsen war: *«Stopp! Da kummt na oana!»*[7] Als wir uns auf die Suche nach einem anderen Platz machten, sagte die Wirtin: *«Der kummt scha seit 30 Johr nimma!»*[8]

Vereinzelt trifft man sich auf dem Land nach dem sonntäglichen Gottesdienst im Wirtshaus zum sogenannten Frühschoppen. Achtung: Das hat nichts mit einer Rabattaktion des Einzelhandels zu tun. Wenn die dort aufgefundene Gesellschaft passt, dann bleibt man da auch sitzen, früher oft tagelang.

Doch Globalisierung, Digitalisierung und eine immer weiter ansteigende Leistungsgesellschaft zwingen dieses bayerische Lebensgefühl langsam in die Knie. Wir sind Kinder der 80er und 90er und genau die Generation, an der die Gemütlichkeit verlorengeht. Ständig sind wir erreichbar, daueronline und immer in Sorge, etwas zu verpassen. Gertraud Specht alias Traudl bediente über 40 Jahre im Original

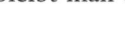

6 *Noagal* steht für den letzten kleinen Rest im Glas. *Zutzeln* bedeutet *saugen*. Ein *Noagalzutzler* war früher ein meist armer Mensch, der die stehengelassenen Bierreste im Wirtshaus zusammenschüttete, um nicht selbst (noch) etwas bestellen zu müssen. Heute nimmt man den Begriff meist für jemanden her, der sich aus Sparsamkeit ewig an seine Maß Bier klammert.

7 «Stopp! Da kommt noch jemand!»

8 «Der kommt schon seit 30 Jahren nicht mehr!»

Hofbräuhaus am Münchner Platzl. In einem Interview mit der taz sagte sie einmal: «Der Unterschied zu damals ist, die Leute wollten nicht immer alles und gleich und sofort. Sie hatten Zeit.»

Der Bayer
und seine Revolution

Nach der gemütlichen Seite des Bayern wollen wir uns jetzt noch einmal der eher ungemütlichen widmen, denn schon historisch bedingt liebt der Bayer das Kontra, manchmal gar die Revolution.

1705: Die Sagengestalt *Der Schmied von Kochel* lehnte sich an Weihnachten 1705 mit einer etwa 3000 Mann starken, aber schlecht bewaffneten Armee aus Bauern und Handwerkern[1] gegen die österreichischen Truppen auf, die Bayern besetzt hielten und vor allem die Bauern mit enorm hohen Steuern und Plünderungen schlimm drangsalierten. Als dann auch noch alle jungen Männer zum Dienst in der österreichischen Armee gezwungen werden sollten, brodelte es allerorten. In Erinnerung blieb vor allem die Gruppe um den Schmied von Kochel. Ihr Aufstand scheiterte vor den Toren Münchens im damaligen Dorf Sendling mit über 1000 Toten. Mit dem Schlachtruf «*Lieber bairisch sterben als kaiserlich verderben!*» ging dieses Ereignis unter dem Namen *Sendlinger Mordweihnacht* in die bayerische Geschichte ein. Jährliche Gedenkfeierlichkeiten erinnern an dieses bayerische Nationaldrama, das es auch heute noch schafft, die Gemüter an Stammtischen im Oberland zu erhitzen.

---

1 aus dem Voralpenland

1844: König Ludwig I. wagt es und erhöht den Bierpreis um einen Pfennig. Schon am Abend kommt es zu den ersten Krawallen. Circa 2000 Münchner stürmen die Brauereien der Stadt und hinterlassen eine Spur der Verwüstung. Auch das herbeigerufene Militär weigert sich, gegen die Aufständischen vorzugehen. Nur wenige Tage später rudert König Ludwig I. zurück.

1902: Der als Volksheld verehrte Räuber Mathias Kneißl wird geköpft. Er lehnte sich gegen die Obrigkeit auf und fungierte als eine Art bayerischer Robin Hood. Lange Zeit wurde er von der Polizei gesucht und von der Bevölkerung gedeckt.

1918: Einer kleinen Gruppe von Linksoppositionellen um den Sozialdemokraten Kurt Eisner gelingt es, ohne Widerstand und Blutvergießen König Ludwig III. zu stürzen.

1962: Schwabinger Krawalle. Eine Gruppe junger Straßenmusiker spielt am Abend des 21. Juni in München noch nach 22 Uhr 30. Als sich Anwohner bei der Polizei beschweren und diese eintrifft, um die jungen Leute festzunehmen, kommt es zu Rangeleien mit weiteren Jugendlichen, und die Situation läuft aus dem Ruder. In den folgenden Tagen kommt es in der Umgebung der Universität zwischen der mit Knüppeln prügelnden Staatsgewalt und bis zu 40 000 jungen Protestanten zu Straßenschlachten.

1989: Das oberpfälzische Dorf Wackersdorf mit circa 5000 Einwohnern wird von der bayerischen Staatsregierung als Standort für eine Wiederaufbereitungsanlage vorgeschlagen. Es bildet sich eine Bürgerinitiative, die aus einer breiten Bürgerschicht besteht. Vom örtlichen Pfarrer über Parteimitglieder bis hin zum Landrat ist alles vertreten. Trotz Baubeginn lassen die Oberpfälzer nicht locker und erhalten sogar Zuspruch aus den Nachbarländern. Der bis dahin 10 Milliarden DM teure Bau der atomaren Wiederaufbereitungsanlage Wackersdorf wird nach jahrelangen Protesten eingestellt.

Nur weil ein Volk mit Mehrheit die CSU wählt, heißt es noch lange nicht, dass es zu dieser Politik in jeglicher Hinsicht auch «Ja und Amen!» sagt. CSU hin oder her, wenn's einem Bayern glangt, dann glangt's ihm wirklich.

Zusammengefasst wird diese Zwiespältigkeit von Regisseur Herbert Achternbusch mit den Worten: «Stell dir mal vor, wo gibt's ein Land, wo 60 Prozent der Bevölkerung Anarchisten san, und de 60 Prozent wählen CSU. Des gibt's doch nirgends.»

Ja, Bayern steckt in der Tat voller Widersprüche. Erzkonservativ, hat aber wohl die größte Schwulensauna der Welt. Prüde, aber seit Jahrzehnten Nacktbader an der Isar, mitten in München. Katholisch, aber Erotikanbieter in den Immobilien der Kirche. Dies zumindest erzählt man sich. Hinter vorgehaltener Hand, versteht sich.

Dazu passt auch gut die Schilderung des Schriftstellers Oskar Maria Graf, der von einer Versammlung der Ultralinken während der Räterepublik nach dem 1. Weltkrieg erzählt. Dort wird heiß diskutiert, ob sie eine Revolution ausrufen sollen. Kurz vor dem ausbrechenden Tumult sagt dann einer: «Machen wir halt a Revolution, damit a Ruah is!»

Der Bayer mag schon manchmal eine klare Linie haben, aber er ist kein 1000-prozentiger. Wenn ihm was gegen den Strich geht, dann versucht er schon auch, auf anderem Weg zu seinem Recht zu kommen. Hierfür gibt es nicht nur Beispiele aus der Politik; ein Unternehmer aus dem niederbayerischen Passau hat vor einiger Zeit Aufsehen erregt. Da er sich über die ständigen Besuche der Zeugen Jehovas an seiner Haustür geärgert hatte, sicherte er sich kurzerhand die Markenrechte für die Jehova-Zeitschriften *Erwachet* und *Wachtturm*, um sie anschließend auf eBay zu versteigern. Für diese Aktion erntete er viel Zuspruch. Auch heute noch gibt es in der bayerischen Bevölkerung gehörigen Respekt für Menschen, die sich gegen Ärgernisse oder die *Großkopferten*[2] auflehnen.

Revolution kann natürlich auch im Stillen passieren, zum Beispiel, um eine gewisse Großzügigkeit zu zeigen.

Franziska: Mein Bruder ist mit Mitte zwanzig mit dem Oldtimer meines Vaters, einem metallicblauen 280 SE, Baujahr 1971, unerlaubterweise durch die Gegend gefahren. Mit stark überhöhter Geschwindigkeit fuhr er auf der geraden Bundesstraße durch ein Waldstück. Als er in der Ferne zwei Polizisten sah, die neben einem Blitzer standen, bremste er aus Schock völlig unkontrolliert runter, kam ins Schleudern, schoss auf Höhe der Polizisten über die (zum Glück leere) Gegenfahrbahn und danach gegen einen Baum. Dank diverser Schutzengel passierte ihm überhaupt nichts, der Baum stand jedoch in der Mitte des Kühlergrills. Daraufhin kam einer der beiden Polizisten zu ihm, um nachzusehen, wie es ihm geht. Das Gespräch verlief wie folgt:
«Bua, des Auto ghert am Babba, oder?»[3]
«Mhm.»

....

2 mächtige, einflussreiche Personen v. a. aus Politik und Wirtschaft
3 «Bub, das Auto gehört dem Papa, oder?»

«Mei, dann host jetzt eh gnua Probleme.»[4]
*Mit diesen Worten verließ der Polizist die Szenerie, ohne
irgendeine Strafe auszusprechen, drehte sich aber noch
einmal um und sagte:«Wos host denn so bremst, mir waren
doch no beim Aufbauen.»*

Bayern, die mit dem Klischee
brechen: Petra Perle

Als die kleine Karin noch Klosterschülerin war, konnte niemand ahnen, welcher kreative, explosive Vulkan in diesem
Kind schlummerte. Karin Kümpfel alias Petra Perle ist wohl
die umtriebigste und vielseitigste Münchner Künstlerin. Sie
erfindet sich zum Beispiel grundsätzlich alle zehn Jahre neu,
weil «ein Leben ist für einen Beruf zu langweilig». Die Tochter
eines Urmünchner Antiquitätenhändlers lernte eigentlich
Goldschmiedin und fällt schon bald durch ihre besonderen
Entwürfe auf. Ab Anfang der 90er Jahre arbeitet die Mutter

. . . .

4 «Dann hast du jetzt ohnehin genügend Probleme.»
5 «Die Woche geht ja schon gut los!»

zweier Kinder als Malerin und Schlagersängerin. Zwischen 1992 und 1999 bringt sie zum Beispiel unter dem Künstlernamen Petra Perle ganze 22 Schlager-CDs auf den Weg und trägt über Jahre hinweg ausschließlich die Farbe Rosa. In dieser Zeit erfindet sie auch den «Wahren Grand Prix», eine Alternative zur angestaubten Vorauswahl des Eurovision Song Contest. Damit macht sie derart Furore, dass die letzten beiden Wettbewerbe sogar vom ZDF aufgezeichnet werden. Anschließend erfindet sie noch die 1. Münchner Breziale[6] sowie das Brunnenfest am Viktualienmarkt. Sie arbeitet als Moderatorin, Fernsehdarstellerin und Performance-Künstlerin. Als Scientology in München eröffnen will, stellt sie sich zwei Wochen vor das Gebäude und blökt wie ein Schaf.

Bei der Bundestagswahl 1998 kandidiert sie für den Bezirk München-Mitte als einzige Kandidatin ihrer Partei «Hausfrauenclub 2000» und erzielt mehr Stimmen als die Bayernpartei. Im Jahr 2003 übernimmt Petra Perle als Wirtin das Turmstüberl im Valentin-Karlstadt-Musäum am Isartor, stiftet eine Turmuhr, deren Zeiger «typisch bayerisch» rückwärts gehen, und bringt tatsächlich den ersehnten Bierdeckel raus, auf den eine Steuererklärung passt. Wie immer, auf der Höhe ihres Erfolges, hört sie wieder damit auf. 2014 bringt sie sich Häkeln bei, bemerkt ihr Talent und übernimmt 2015 den ältesten Wollladen Münchens. Sie nennt ihn «Hot Wollée». Bald schon aber wird ihr das allein zu langweilig, und sie beginnt, Häkelanleitungen zu entwerfen. Eine Anleitung täglich lädt sie nun ins Internet und steigt innerhalb kürzester Zeit in den sozialen Medien und Häkelportalen zum Handarbeits-Star auf. Den Laden hat sie mittlerweile aufgegeben, dafür hat sie einfach keine Zeit mehr. Nach Handarbeitsbü-

....

6 eine Ausstellung mit 120 Kunstobjekten rund um die Breze

chern und Häkelanleitungen möchte sie jetzt bald einen Roman schreiben. Der war ohnehin längst überfällig. Dabei ist die Frau gerade einmal Mitte 50. Wie passend, dass sie sich kürzlich mit ihrem Mann eine Enklave im Bayerischen Wald gekauft hat. Damit hat sie ohnehin noch große Pläne. Welche? Eines ist klar, langweilig werden sie nicht sein.

Der Bayer
und sein Fleiß

Das wird jetzt auch für uns ein schwieriges Kapitel, denn ein kleines bisschen klebt das schon an uns, dieses Strebertum. Nicht so schlimm wie an den Baden-Württembergern, zugegeben. Aber schon ausreichend. Wie könnte es auch anders sein, allein bei diesen Volksvertretern. Markus Söder, der das ganze Jahr über fleißig an seinem Faschingskostüm für den Frankenfasching feilt, oder Edmund – *das blonde Fallbeil* – Stoiber, seines Zeichens Vorzeigestreber der ersten Stunde. Raucht nicht, trinkt nicht, spielt nicht, keine privaten Skandale. Alle haben vom Besten gelernt: Franz Josef Strauß, ehemaliger Studienstiftungs-Stipendiat, dem es eine Freude war, jeden unbequemen Emporkömmling mit einem überheblichen «Haben Sie überhaupt Abitur?» bloßzustellen. Zuallererst: Keine Angst, wir sind nicht alle so!

Grundsätzlich kann man aber vielleicht sagen, dass der Bayer – wohl bedingt durch das angeborene Selbstbewusstsein – sich nicht scheut, groß zu denken. Man engagiert einfach gern die Besten der Besten. So hat der Erfinder des Viertaktmotors, Christian Reithmann, auch das Glockenspiel am Neuen Rathaus am Münchner Marienplatz entworfen. Das ist aber nicht das einzige Beispiel. Die Innenausstattung des Hacker-Festzeltes auf dem Oktoberfest hat niemand Geringerer entworfen als Rolf Zehetbauer, der Szenenbildner der mit Preisen überhäuften Filme «Das Boot» und «Die unendliche Geschichte». Da kann man sich dann einreihen und sagen: Das war einer von uns!

Also ja, wir sonnen uns gern in den guten PISA-Ergebnissen, feiern unsere alpinen Sporttalente und freuen uns über die niedrige Arbeitslosenquote. Aber wir sind nicht militant – zumindest so lange nicht, bis uns einer aus Bremen mit einem Einser-Abiturschnitt den Studienplatz wegschnappt.

Franziska: Während meines Studiums auf Gymnasiallehramt für Deutsch und Englisch an der Uni Regensburg habe ich eine Studentin kennengelernt, die exakt das Gleiche in Nordrhein-Westfalen studierte. Ich erzählte ihr, dass ich im Grundstudium weit über 20 Scheine zu erwerben hatte, alle gebunden an Anwesenheit, Referat, Prüfung und/oder Hausarbeit. Die andere Studentin hatte in der Tat nur wenige Scheine mit diesen Anforderungen, alle anderen waren «Sitzscheine» – ein Begriff, der mir vorher und nachher nie begegnet ist. Diese erhielt man, erklärte sie mir, wenn man die Leistung vollbrachte, morgens rechtzeitig aufzustehen, im Kurs zu erscheinen und dort einfach nur zu sitzen. Ich kann wirklich nicht behaupten[1], ich hätte mich während meines Studiums überarbeitet. Aber in diesem Moment fühlte ich mich unendlich fleißig.

Für solche Begegnungen hat der Bayer tendenziell nicht viel Verständnis und fordert das bayerische Bildungssystem für ganz Deutschland oder wenigstens eine Abspaltung davon. Mit dem Rest von Deutschland hat es der Bayer nicht immer so, das müssen wir zugeben. Da kann es schon mal passieren, dass jemand zum Radeln an den Rhein fährt und bass

....

1 Allein, weil vielleicht ehemalige Studienkollegen dieses Buch kaufen und wissen, wie viele Merci-Schachteln es mich gekostet hat, um Hausarbeiten später abgeben zu dürfen.

erstaunt daheim erzählt, dass es da *«fei richtig schön war und das Essen auch gut und alles beinah so sauber wie bei uns»*.

Sie sehen, das können wir dann schon auch anerkennen, wenn einer *sein Sach schön beinandhat*[2]. Denn was beim Bayern nicht besonders stark ausgeprägt ist, ist der Sozialneid. Zum einen erkennt er den Fleiß und die Errungenschaften anderer durchaus an, schließlich lebt er selbst nach dem Motto *vo nix kimmt nix*[3]. Zum anderen ist der Bayer auch selbst wirtschaftlich meist in einer recht angenehmen Position, da kann man anderen schon auch mal etwas gönnen.

Laut schimpfen aber kann er über den Länderfinanzausgleich. Kommen Sie zum Beispiel aus Berlin, dann sprechen Sie ihn um Himmels willen bloß nicht drauf an! Wenn sich der Bayer dann mal auf den Weg nach Berlin macht und Prachtbauten, frisch geteerte Straßen oder gepflegte Parkanlagen bewundert, kann es sein, dass es ihm ein kleines *«Schaug' hi! Des ham ois mia zoit!»*[4] entlockt. Denn dass das arme Berlin mit «arm, aber sexy» wirbt, stößt dem Bayern mitunter sauer auf. Zwar hatte München im Jahr 2014 auch 967 Millionen Schulden, das ist aber weniger, als Berlin Zinsen für seine Schulden bezahlen musste. *Koan Pfenning Gejd in da Daschn, aber La Paloma pfeifa*[5], sagt er da, der Bayer, besonders, wenn er dann noch von kostenlosen Kitas in Berlin hört, vor allem, da das reiche München seinen von den hohen Mietpreisen gebeutelten Eltern derartige *Zuckerl*[6] erst seit 2019 verabreicht. Hält man da dagegen, dass Bayern als früherer Agrarstaat selbst bis in die 60er Jahre vom Länderfinanzausgleich profitiert hat, so kann

....

2 sein Anwesen gut pflegt
3 Von nix kommt nix.
4 «Schau hin! Das haben alles wir bezahlt!»
5 Keinen Pfennig Geld in der Tasche, aber «La Paloma» pfeifen
6 Bonbons

SIE HAM DA WOS, WOS UNS GHEAD!

WAT IS LOS?

es gut sein, dass der Bayer aktuelle Zahlen parat hat, die besagen, dass Bayern jedes Jahr die Summe zurückzahlt, die es in der gesamten Zeit erhalten hat.

Sie sehen, die Münchner und die Berliner sind sich nicht richtig grün, umso mehr hat es die Bayern gefreut, als 2008 durch ein Versehen das Münchner Rathaus auf dem Telefonbuch Berlins[7] zu sehen war.

Wer jetzt geneigt ist zu argumentieren, das sei ja wie bei der Steuer fürs Finanzamt, also nur so hoch, weil wir Bayern im Vorfeld so gut verdient hätten, dem sei aus Selbständigensicht gesagt: *Ja mei, aber mia hättens halt gern selber ausgegeben.*

Wollen Sie einem Bayern hingegen gern schmeicheln, so sprechen Sie ihn auf die Architektur Münchens, die schöne Natur oder den Münchner Flughafen an.

....

7 Band 2, L–Z

Der Münchner Flughafen im Erdinger Moos ist nicht nur der bei den Passagieren beliebteste Flughafen Europas, er beherbergt auch eine Geschichte, auf die alle Bayern fast 30 Jahre nach der Inbetriebnahme noch stolz sind. Am 16. und 17. Mai 1992 zog der komplette Flughafen innerhalb von 16 Stunden ohne Unterbrechung des Flugbetriebs vom bisherigen Standort in Riem zum neuen Flughafen nach Hallbergmoos um. Dabei wurde der letzte Flieger in Riem noch kurz vor Mitternacht abgefertigt. Diese logistische Meisterleistung erfuhr weltweit große Beachtung und führte dazu, dass immer wieder Experten aus München für andere große Umzüge angefordert werden, zuletzt beim Umzug des Flughafens Bangkok oder des internationalen Flughafens in Athen. Auf eine Anfrage aus Berlin wartet Bayern bis heute vergeblich. Dass der neue Flughafen damals wegen explodierender Kosten als «ein Beispiel gigantischer Fehlplanung»[9] durch die Gazetten geisterte, lassen Sie hingegen besser unter den Tisch fallen.

. . . .

8 Für Besserwisser
9 Dies schrieb die *Zeit* im März 1989.

Der Bayer
und seine Sprache

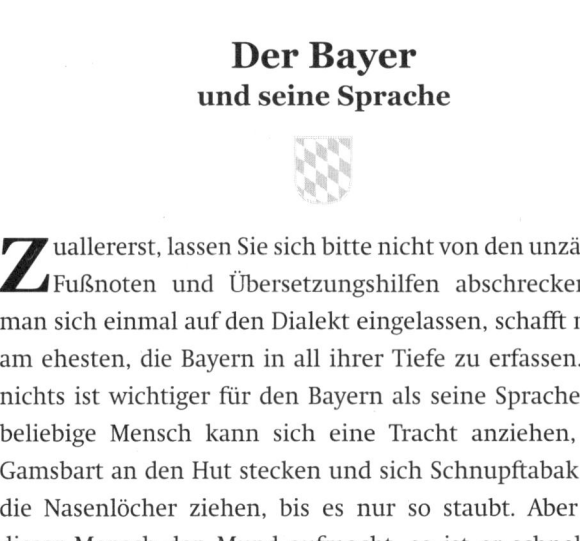

Zuallererst, lassen Sie sich bitte nicht von den unzähligen Fußnoten und Übersetzungshilfen abschrecken. Hat man sich einmal auf den Dialekt eingelassen, schafft man es am ehesten, die Bayern in all ihrer Tiefe zu erfassen. Denn nichts ist wichtiger für den Bayern als seine Sprache. Jeder beliebige Mensch kann sich eine Tracht anziehen, einen Gamsbart an den Hut stecken und sich Schnupftabak durch die Nasenlöcher ziehen, bis es nur so staubt. Aber wenn dieser Mensch den Mund aufmacht, so ist er schneller als *Preiß* überführt, als er seine Adresse am Starnberger See diktieren kann. Unsere Sprache ist der wichtigste Identitätsmarker und außerdem der Teil der Heimat, der jederzeit abrufbar ist.

Es ist uns also ein Anliegen, dass sich die Menschen wieder mehr mit ihrem Dialekt beschäftigen. Auch wenn wir ungern das Wort Heimat bemühen möchten – für uns bedeutet Heimat, fern von zu Hause ein bayerisches Wort zu hören.

Auch sind Dialekte ungemein vielschichtig. In Bodenmais gibt es zum Beispiel das Wort *oi* ganze dreimal. Einmal heißt es *außen*, einmal *rauf* und einmal *runter,* immer mit einem hauchfeinen Unterschied in der Betonung.

Viele Auswärtige haben den Eindruck, dass der Bayer fast stur an seinem Dialekt klebt, doch wir müssen leider sagen: Fast das Gegenteil ist der Fall. Es liegt in der Natur der Sache, dass man eine Sprache nicht konservieren kann und sie sich stetig weiterentwickelt. Der bairische Dialekt, und im Übrigen auch der fränkische, verschwindet leider viel rasanter, als das früher der Fall war.

Waren es vor 40 Jahren noch die Münchner Kinder, die den Dialekt der Eltern abstreiften, um in der Schule nicht als *Bauernbüffel* beschimpft zu werden, so sind es jetzt sogar schon Kinder auf dem Land, deren Dialektkenntnis rückläufig ist.

Lange Zeit haben wir unseren Dialekt selbst nicht wertgeschätzt, in den 70er Jahren kam es sogar zu einer regelrechten Sprachglättung. In den 90ern wurde man in den Medien, außer in einschlägigen Fernsehsendungen, kaum mit Dialekt konfrontiert, man hat sich beinahe dafür geschämt. So gab es über viele Jahre bei einem großen bayernweiten Privatradiosender in der Morgensendung genau einen Bayern, und der war der Depp.

Kein Wunder also, dass die UNESCO den bairischen Dialekt 2009 zum Kulturgut erhoben hat. Es gibt zwar mittlerweile viele Musiker und Bands, die ihre Texte in bairischer Mundart performen und damit riesige Erfolge feiern. Aber was bringt es, wenn das nur auf der Bühne passiert? Der Dialekt passt sich immer mehr der Standardsprache an; eigentlich ist der Unterschied zwischen Bairisch und Standarddeutsch sogar größer als der zwischen Dänisch und Norwegisch.

Es ist aber sehr fraglich, ob man das in 100 Jahren auch noch sagen kann, denn die starken Veränderungen sind für alle Dialektsprecher greifbar, wenn auch oft erst auf den zweiten Blick. So spricht der Bayer mittlerweile von einer *Dütn*[1], statt von einer *Rogl, Guggn* oder *Stranitzn*. Hier hat man

....

1 Tüte

schlicht den standardsprachlichen Begriff *Tüte* bajuwarisiert. Klingt also bairisch, ist es aber gar nicht. Auch hält der standardsprachliche Begriff *lecker* immer weiter in Bayern Einzug. Da halten wir es mit Ottfried Fischer, der in einem Interview mal gesagt hat: *Es gibt bloß oa lecker, am Osch lecka.*[2]

Der Bayer hält also leider nicht so zäh an seinem Dialekt fest, wie es folgender Witz impliziert.

Lehrer: Was ist das für ein Tier?

Schüler: Des is a Goaß.[3]

Lehrer: Das heißt nicht Goaß. Es hoaßt Geiß.

Darum ist dieses Kapitel eine Liebeserklärung an unsere Sprache. Sie machen sich gern lustig über unseren Dialekt und glauben nicht, dass wir Sie verzaubern können? *Des wer' ma dann scho seng!*[4]

Denn: In einer Playboy-Umfrage aus dem Jahr 2003 wurde Bairisch auf Platz 1 der erotischsten deutschen Dialekte gewählt. Und wer, wenn nicht der Playboy, sollte das wissen?

Zum besseren Verständnis: Bairisch ist nicht die einzige Sprache, die im Freistaat Bayern gesprochen wird, es gibt neben dem *Bairischen* auch das *Fränkische* und das *Schwäbisch-Alemannische*. Diese drei Dialekte teilen sich zwar manche Wörter, haben ansonsten aber wenig bis überhaupt nichts gemein.

....

2 Es gibt nur ein lecker, am Arsch lecken.

3 Ziege

4 Das werden wir dann schon sehen!

SACHSEN

HESSEN

THÜRINGEN

Thüringisch

Saale

Rhein-
fränkisch
(Hessisch)

Unterfranken

Main

Oberfranken

TSCHECHISCHE
REPUBLIK

Unter-
ostfränkisch

Bayreuth ■

Würzburg

Ober-
ostfränkisch

Mittelfranken

Oberpfalz

Nordbairisch

Ansbach

BAYERN

■ Regensburg

BADEN-
WÜRTTEMBERG

Donau

Niederbayern

■ Landshut

Augsburg ■

Mittelbairisch

Ost-
schwäbisch

Isar

■ München

Schwaben

Oberbayern

Inn

Niederalemannisch

ÖSTERREICH

SCHWEIZ

Südbairisch
Lechrainisch

0   20   40   60 km

Wer jetzt glaubt, Bairisch spräche man nur in Bayern, der liegt schon wieder falsch. Über die Hälfte der 13 Millionen Sprecher des Bairischen leben nämlich überhaupt nicht in Bayern, sondern in Österreich, Südtirol, Norditalien, Tschechien, Slowenien, Ukraine, Peru, Brasilien und sogar in Sachsen[5].

Aber alles der Reihe nach. Das Bairische wird aufgeteilt in *Nordbairisch*, *Mittelbairisch* und *Südbairisch*. Sehr zur Freude aller Legastheniker: Es gibt für keinen dieser Dialekte eine einheitliche Rechtschreibung, lediglich ein paar Empfehlungen.

Des Weiteren haben die Substantive im Bairischen meist die gleichen Artikel wie in der Standardsprache[6], aber freilich nicht immer. So wird es für Auswärtige sicher ein bisschen komisch klingen, spricht der Bayer plötzlich von *dem Butter,* tankt *der Benzin* oder erzählt, *der Radio* sei kaputt.

Auch gibt es erstaunliche Dativkonstruktionen. Da es der Bayer mit dem Geschlecht in der Grammatik nicht so genau nimmt, kann es beispielsweise nicht nur heißen *Des is da Muadda ihr Auto*[7], sondern tatsächlich auch *Des is da Muadda sei Auto*. Auch verwendet die bairische Sprache vorrangig nur zwei Zeiten, das Präsens (*i sog*) und das Perfekt (*i hob gsogd).* Das Präteritum[8] fehlt völlig. Sollten Sie als Dialektsprecher vorhaben, Ihren Kindern Kinderbücher simultan ins Bairische zu übersetzen[9], stellen Sie sich auf eine gewaltige Denkleistung ein.

Im Bairischen finden Sie auch, vor allem bei älteren Herrschaften, noch viele französische Begriffe, die noch aus der

....

5 südliches Vogtland
6 z.B. *da Lastwong* => *der Lastwagen*
7 Das ist das Auto der Mutter
8 1. Vergangenheit, z.B. *Ich sagte*
9 was eine gute Idee ist

napoleonischen Zeit stammen. Spricht der Bayer also von einer «Bagage», so meint er keinesfalls Ihr Gepäck, sondern einige zwielichtige Gestalten, also ein Pack. Auch begegnet man dem *Parapluie*[10], dem *Trottoir*[11] oder dem *Plafond*[12]. Auch *Podschamperl*[13] für Nachttopf oder *«Mach keine Fisimatenten»* für «Mach keine Sperenzchen» begegnet man noch immer. *Mach keine Fisimatenten* soll übrigens einen historischen Hintergrund haben. Als Deutschland Anfang des 19. Jahrhunderts von den Franzosen besetzt war, haben angeblich immer wieder französische Soldaten versucht, junge Mädchen in ihr Zelt zu locken – mit den Worten «Visitez ma tente»[14].

Auch widerspricht sich der Bayer gerne. Da sowohl *hübsch* als auch *gscheid* zur Steigerung verwendet werden, ist es für ihn völlig normal zu sagen, etwas sei *«hübsch greißlich*[15]*»* oder *«gscheid bläd»*.

Ebenso typisch für das Bairische ist die doppelte Verneinung. Der Bayer sagt *I mog koa Suppn ned*[16], damit will er sichergehen, auf gar keinen Fall eine Suppe essen zu müssen. Möchte er in einem Rutsch noch die Köchin beleidigen, so sagt er *A Suppn mechad i gar nia ned*. Das kann man aber noch weiter auf die Spitze treiben, zum Beispiel mit einem *Do herin hod koana niamois koa Suppen ned meng*[17], quasi einer vierfachen Verneinung – das bedeutet im Klartext, die Suppe, die es hier

....

10 Regenschirm
11 Bürgersteig
12 Decke eines Raumes
13 von «pot de chambre»
14 Besuchen Sie mein Zelt!
15 greißlich= hässlich
16 Ich mag keine Suppe.
17 Hier drin hat niemand jemals eine Suppe gemocht.

zu erwerben gibt, ist so ungenießbar, dass es sich schon weit über die Dorfgrenzen rumgesprochen hat. Weil wenn nein, dann schon wirklich. Auch spricht der Bayer gerne im Konjunktiv. Bevor ein Mann zu seiner Frau kurz vorm Aufbrechen sagt *Ich bin fertig*, wählt er lieber das *I waar fertig*[18] und impliziert damit gekonnt ein unterschwelliges An-mir-liegt-es-nicht.

Interessant ist auch das vermehrte Sprechen im *Irrealis: Wenn i dir jetz song daad, dass i moang ins Krankenhaus kamad, wos daadst du dann macha?*[19]

> *Martin: Bei uns im Bayerischen Wald gibt es einige, die im Gespräch zwischen dem Sie und Du hin- und herspringen. Die Bäckereifachverkäuferin bei uns im Dorf spricht ihre Kunden gerne so an: «Sie, Frau Braumandl, hast du schon unsern Zwetschgendatschi probiert?»*

Schön hingegen ist die blumige, bildhafte Sprache des Bajuwaren, denn er neigt zu bissigen Vergleichen à la *Wos wuist du? Mi tratzen? Du bist ja ned gräßa wia a Saustoidiarl!*[20] oder *Mei Frau is ma zwieda wia a koide Erdäpfelsuppn.*[21]

Diese Gabe zeigt der Bayer aber nicht nur im Austeilen; auch alltägliche Vorkommnisse weiß er gekonnt auszuschmücken. So nennt er Fremdgehen zum Beispiel *aussegrasn*. Statt zu sagen, dass der Herr so lange Interesse an Ero-

---

18 Ich wäre fertig.
19 Wenn ich dir jetzt sagen würde, dass ich morgen ins Krankenhaus käme, was würdest du dann tun?
20 Was willst du? Mich ärgern? Du bist ja nicht größer als das Türchen eines Schweinestalls!
21 Meine Frau ist mir zuwider wie eine kalte Kartoffelsuppe.

tik hat, solange es ihm die körperliche Leistungsfähigkeit erlaubt, sagt der Bayer: *Solang d'Orgel spuit, ist d'Kirch ned aus*.[22] Ob dieser ausufernden Sprache könnte man glatt meinen, der Bayer nimmt es nicht genau. Das tut er aber wohl. Schon früher war klar, der Bauer *liegt* bei der Bäuerin, aber *flackt*[23] bei der Magd. Und doch kann der Außenstehende über die bairischen Eigenheiten oft nur den Kopf schütteln. Erzählt ein Bayer eine Geschichte und endet diese mit *I sogs da, i hob mi ned vui gschaamd*[24], so meint er das genaue Gegenteil, nämlich dass er sich außerordentlich stark geschämt hat.

Auch die Richtungsbezeichnungen, die relativ undurchsichtigen Regeln folgen, können einen *Zuagroasten*[25] schier in den Wahnsinn treiben.

Nimmt man beispielsweise die beiden deutschen Wörter *hinauf* und *herauf*; die Richtung wird durch die Vorsilben *hin* beziehungsweise *her* angezeigt:

hin + auf = hinauf

her + auf = herauf

Im Bairischen wird das Ganze einfach umgedreht; die Richtung erkennt man also an der Nachsilbe. Hängt man unsere beiden Wörtlein dementsprechend hinten an, so wird daraus *aufhin* und *aufher*.

auf+hin = aufhin => auffi

auf+her = aufher => auffa

Spricht man das jetzt noch dialektal und vielleicht ein wenig schlampig aus, haben wir unsere heutigen Bezeichnungen

....

22 Solange die Orgel spielt, ist die Messe nicht aus.
23 liegen im negativen Sinn, z. B. herumlümmeln, faulenzen
24 Ich sage dir, ich habe mich nicht viel geschämt.
25 Zugereisten

auffi und *auffa*. Und schon ist es auch für den Auswärtigen nicht mehr ganz so schwer, die komplexen Richtungsadverbien nachzuvollziehen. Wichtig ist eigentlich immer die Position des Sprechers:

Stehe ich im Keller, dann gehe ich *auffi*. Stehe ich aber oben am Treppenabsatz, und jemand anderes steht im Keller, so sage ich zu ihm *Kimm auffa*. Will ich aber, dass er unten bleibt, sperr ich die Tür zu.

So hundertprozentig logisch geht es aber nicht immer zu. So fährt fast jeder Bayer beispielsweise *auf Minga auffi*[26], selbst wenn sein Heimatort geographisch höher oder auch nördlicher liegt als München. Lediglich der nördliche Oberpfälzer

---

26 nach München hinauf

fährt Richtung Landeshauptstadt *unte*. In die nächstgrößere Stadt fährt man hingegen *eini*, Österreich liegt *drent* und nach Amerika fährt man *umme*. Eh logisch, oder?

Sehr beliebt ist auch die Verwendung von Vorsilben. Sepp Maier, Ex-Torwart des FC Bayern, soll einmal in einem Interview gesagt haben: *In meim Strafraum is zwar zuaganga und vorn is nimma arg vui zammganga, aber mir san jedenfalls ned eiganga, sondern als Sieger hoamganga.*[27]

Eine weitere bairische Besonderheit ist das kleine und wunderschöne Wörtlein *fei*. Ein Füllwort, das in Franken mindestens so beliebt ist wie bei uns. *Fei* steht für *ja, doch, gewiss, nur, überhaupt* – Sie sehen also, man kann fast jeden Satz mit einem *fei* verfeinern. Meist möchte der Mundartsprecher etwas besonders betonen oder vielleicht auch nur unterschwellig verdeutlichen, dass man recht behalten hat. Beispiel: *Der hod fei gar koa Abitur ned.*

Ein weiteres liebenswertes Wort ist *quasi*. Sagt der Bayer *I hob quasi scho ogfangt*[28], so meint er damit auf keinen Fall, dass er tatsächlich mit der Tätigkeit begonnen hat. Es zeugt halt vielmehr von einer bereits erfolgten Annäherung an die Tätigkeit und einer immer weiter sinkenden Wahrscheinlichkeit, sich vor der Aufgabe zu drücken. Das können wir persönlich bestätigen, denn auf die Frage unserer Agentur, auf welchem Stand das Buch ist, antworteten wir grundsätzlich: «Quasi schon fertig.»

....

27 In meinem Strafraum war zwar viel los, und vorne ist nicht mehr arg viel passiert, aber wir sind wenigstens nicht umgefallen, sondern als Sieger heimgegangen.

28 angefangen

Eine Besonderheit, die zum Beispiel in Mittenwald, aber auch im Nördlinger Ries vorkommt, ist der *Pluralis Majestatis*. Man spricht also eine einzelne Person im Plural an, um ihr besondere Ehrerbietung zu erweisen. Dies gilt im Alltag für jeden, der älter ist, wenn also ein Kind einen Erwachsenen oder auch ein 40-jähriger einen 60-jährigen anspricht. In Mittenwald klingt das dann schon mal so: *Megt's ejs nu ebbas dringa?*[29]

Auch sucht der Dialektsprecher gerne Bestätigung. Mit einem *gell* oder *ned wahr* am Ende drückt man ja auch einen gewissen Grad Unsicherheit aus, das gibt eigentlich rabiaten Aussagen eine gewisse Verletzlichkeit: *Des is doch ein Arschloch, ned wahr?* Was uns mit den Franken und den Schwaben verbindet, ist lediglich die Verkleinerungsform. Hängt man in Restdeutschland einfach ein *-chen* an alle Wörter, so dient hierfür ein *-lein*. So wird schnell aus einem *Kätzchen* ein *Katzerl* oder *Katzl*. Aber Vorsicht! So ganz für bare Münze darf man das nun auch wieder nicht nehmen.

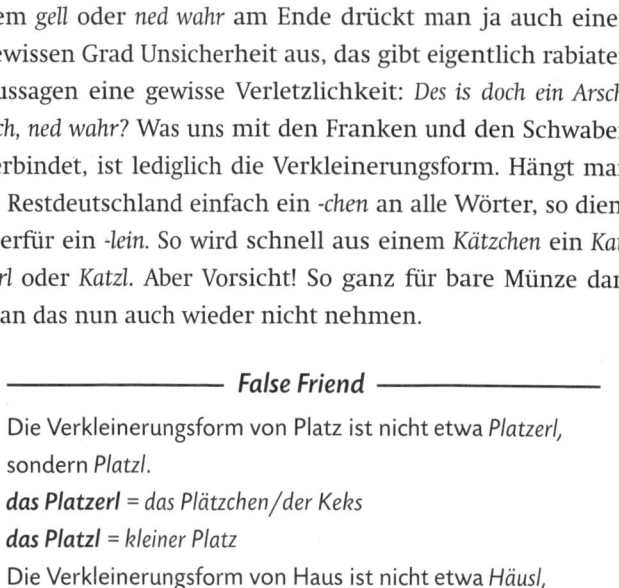

─────────── *False Friend* ───────────

Die Verkleinerungsform von Platz ist nicht etwa *Platzerl*, sondern *Platzl*.
das Platzerl = *das Plätzchen/der Keks*
das Platzl = *kleiner Platz*
Die Verkleinerungsform von Haus ist nicht etwa *Häusl*, sondern *Häuserl*.
das Häusl = *die Toilette («I geh aufs Haisl»)*
das Häuserl = *das kleine Haus*

29 Mögt ihr noch etwas trinken?

Aber nun endlich zurück zu unserem Ausgangsthema: *Nordbairisch*, *Mittelbairisch* und *Südbairisch*. Der geneigte Fernsehzuschauer kennt vermutlich in erster Linie den Klang des *Mittelbairischen*. Wenn Ottfried Fischer alias *Der Bulle von Tölz* sagt «In Hamburg? Da wird ma ja scho für Sachan verhaft, wo ma hier noch den bayerischen Verdienstorden griagt!» und wenn Josef Hader in der österreichischen Tragikomödie *Indien* feststellt «I moch jetzt de Kiwi-Diät. Olles ausser Kiwi», dann handelt es sich in beiden Fällen um *Mittelbairisch*, denn das umfasst sowohl Niederbayern (Ottfried Fischer), Oberbayern (Bad Tölz) als auch die meisten Teile von Österreich. Es ist wohl der Dialekt mit dem größten Bekanntheitsgrad, auch weit über den Weißwurstäquator hinaus.

Anders verhält es sich mit dem eher im Schattendasein existierenden Nordbairisch. Nordbairisch spricht man in der Oberpfalz und angrenzenden Gebieten. Da dies der ursprünglichste Dialekt des Bairischen ist, wird er leider nur sehr selten in den Medien abgebildet und oft als unverständlich belächelt, was wir sehr schade finden.

Die Oberpfälzer kürzen gerne ab, aus Mond wird dann *Mou*, aus lassen wird *lou*. Außerdem wird die Sprache der Oberpfälzer dominiert von sogenannten gestürzten Diphthongen – statt *Wo*[30] heißt es *Wou* und statt *Bua*[31] heißt es *Bou*. Darum wird dem Oberpfälzer von bösen Zungen nachgesagt, er belle wie ein Hund. Dies ist aber, sie ahnen es schon, in diesem Fall kein Ausdruck von Bewunderung, sondern eine grobe Beleidigung. Und hundsgemein, denn es handelt sich hierbei um einen wirklich besonderen und romantischen Di-

---

30 Wo
31 Bub

alekt. Man stelle sich die Situation vor: Zwei sich liebende Oberpfälzer sitzen im Halbdunkel beim Abendessen, er sagt *Dou schau, da Mou!*[32], und sie antwortet schnurrend *Dou amol des Rollo owaloua*[33]. Dann verstehen wir zwar auch kein Wort, aber uns geht dennoch das Herz auf.

Wie groß die Unterschiede zwischen den verschiedenen bairischen Dialekten sind, erkennt man an der Gegenüberstellung des folgenden Satzes:

Deutsche Standardsprache		*Das kleine Mädchen hat viel Milch getrunken, jetzt ist es müde und muss schlafen.*
nordbairisch	oberpfälzisch	*S'gloine Moidl hod vüll Mülch drunga, äitz is's mäid und mou schlouffa.*
mittelbairisch	oberbairisch	*Des kloane Deandl hod vui Muich drunga, iatz is's miad und muass schlaffa.*
südbairisch	tirolerisch	*Des kloane Madl hat viel Milch trunkn, etz ischs miad und muas schlafn.*

— *Fun fact* —

Wer aufmerksam durch Bayern fährt, wird bemerken, dass viele Ortschaften very british klingen, zum Beispiel Rottenegg, Mailing oder Valley.

32 Da schau, der Mond!
33 Lass doch mal das Rollo runter.

Wenn heute jemand von Hochdeutsch spricht, so meint er stets die deutsche Standardsprache, die sich aber erst vor circa 200 Jahren allmählich herauskristallisierte. Historisch gesehen ist das aber ein Schmarrn, denn wie der Name hochdeutsch schon andeutet, bezog sich dieser Begriff einfach auf die Sprachen, die in südlichen deutschsprachigen Gebieten gesprochen wurden. Hier, südlich der sogenannten Benrather Linie, ist es ja auch viel höher als an der Nordsee, wo niederdeutsch gesprochen wurde. Die Bayern waren zudem ein bisschen weniger stur als die *Preißn* und haben deshalb bei der zweiten oder hochdeutschen Lautverschiebung freiwillig mitgemacht; so wurde aus *water* das Wort *Wasser*. Die Niederdeutschen wollten dann freilich auch gern das Hochdeutsche verstehen. Also mussten sie es lernen, und zwar von uns! Quasi auf dem zweiten Bildungsweg.

Bayern, die mit dem Klischee brechen: Anthony Rowley, Sprachwissenschaftler

Seit 1988 arbeitet eine Mundartkommission am Bairischen Wörterbuch. Geleitet wird diese aber nicht von einem gamsbarttragenden oder goaßlschnalzenden Oberbayern, wie der auswärtige Leser womöglich vermuten mag, sondern von Anthony Rowley, Dialektexperte und Sprachwissenschaftsprofessor, geboren in einer Gegend, deren Sprache vom Rest des Landes auch nur schwer verstanden wird: Skipton, Nordengland! So fühlte er wohl schon im Auslandssemester an der Universität Regensburg eine tiefe Verbundenheit mit den geselligen Oberpfälzern und Niederbayern, deren Klänge und Laute zu Anfang freilich eine Herausforderung darstellten. Vom Ehrgeiz gepackt, beschäftigte Rowley sich intensiver mit den unterschiedlichen Dialekten des Bairischen, sodass er jetzt nicht nur phantastisch in der Mundart parliert, sondern zudem einen breiteren Wortschatz besitzt als jede Heimatpflegerin aus dem Bayerischen Wald. Das sei ihm auch nicht schwergefallen, denn die Bayern hätten ihn immer positiv empfangen, meint er, auch schon als Student, als er zu Forschungszwecken auf dem Land mit Tonbandgerät und britischem Charme nach alten bairischen Begriffen und Wendungen gesucht habe. «Da kommt einer extra aus England und interessiert sich für uns!» Das passt freilich ins bayerische Weltbild. Aber auch die britische Geduld hilft ihm dabei, denn das 12-bändige Wörterbuch wird erst 2065 fertig. Aber wie kommt's, dass ein Engländer Chef vom Bairischen Wörterbuch wird? Darauf er lapidar: «Die werden sich halt gedacht haben: Hauptsach', koa Preiß!»

Der Bayer
und seine Franken

Franken, das damals aus einem Fleckerlteppich von Herzogtümern bestand, wurde dank Napoleon 1806 einfach dem neuen Königreich Bayern zugeschlagen. Endlich hatte Bayern die Größe, um ein Königreich zu sein. Jetzt könnte man meinen, der Altbayer hätte sich so sehr über dieses nicht ganz freiwillige fränkische Geschenk gefreut, dass er den Franken von nun an huldigte, ja, ihnen gar einen großen Platz in seinem Herzen schenken würde. Das würden wir Altbayern Ihnen freilich gerne erzählen, aber leider war das Gegenteil der Fall. Franken wurde lange wie ein Stiefkind behandelt; es war halt da, aber ein Zuckerl aus München bekam es dafür noch lange nicht. So verwehrte die Regierung den Nürnbergern lange ein Staatstheater und war äußerst verschnupft, als es um die Bildung der Metropolregion Nürnberg ging. Was aus oberbayerischer Sicht auch verständlich ist – wer will schon eine weitere Metropole neben sich, wo doch in München alles zentral zusammenläuft und sich vor allem die fernen Franken von dort so gut regieren ließen?

Die Franken selbst waren oft ein einfaches Opfer für die großkopferten Oberbayern. Sie sind im Vergleich einfach weniger selbstbewusst, nehmen sich selbst nicht so unendlich wichtig und waren dadurch eher zurückhaltender in der politischen Szenerie. Außerdem hasst der gerechtigkeitsliebende Franke nichts mehr als die *Vetterlaswirtschaft*[1], welche dem Oberbayern ja per se eher naheliegt. Aber nicht nur aus

1 Vetternwirtschaft

diesem Grund steht der Franke dem Altbayern eher skeptisch gegenüber. Er fühlt sich zu Recht benachteiligt vom Bayerischen Fernsehen, das von jeher ein recht einseitiges Bild von Bayern zeigt und nur in einigen wenigen Formaten[2] die Franken[3] wirklich berücksichtigt. Oft muss hierfür irgendein fränkischer Quoten-Fernsehkoch herhalten[4], und das, obwohl das TV-Format «Fastnacht in Franken» seit 1991 die erfolgreichste Sendung des BR-Fernsehens ist.

Dabei sind Franken und vor allem der fränkische Dialekt sowohl interessant als auch entzückend. Die Franken schaffen es, komplett ohne harte Laute zu sprechen. Dies funktioniert, weil aus jedem «p» ein «b» wird und aus jedem «t» ein «d». Um nicht durcheinanderzukommen, wird beim Diktieren schon mal nachgefragt: *Mit haddem oder mit weichem B?*[5] Davon abgesehen verändern sich im Fränkischen auch die Vokale. So heißen *Hosen* beispielsweise *Huusn*.[6] Wie im Bairischen gibt es zahlreiche Verniedlichungen: *Häusla, Brötla, Mäusla.*

Wirklich verstehen tun sich übrigens auch die Franken nicht immer untereinander. Spricht ein Bamberger zum Beispiel vom *saachn,* so möchte er seine Blase entleeren. Hört das ein Franke aus der Rhön, wird er sich wundern, warum der andere jetzt zum Sägen geht.

....

2 z. B. *Zwischen Spessart und Karwendel, Quer*
3 und auch die Schwaben
4 Es ist also wahrlich kein Wunder, dass die Altbayern noch lange insgeheim Separatismusbestrebungen der Franken befürchteten.
5 Mit hartem oder mit weichem «B»?
6 Franken ist dort, *wou die Hasen Hoosn und Hosen Huusn haaßn.*

Wie sehr sich die fränkischen Dialekte unterscheiden, sieht man gut in der folgenden Übersicht:[7]

dt. Standardsprache	*Ich wollte ihr tragen helfen.*
Bad Windsheim	*Ich howwera droong helfn welln.*
Höchstadt/Aisch	*Ich hobbera helf droong gwelld.*
Kulmbach	*Ich hobbera droong helfn welln.*
Hof	*Ich wolld ier droong helfn.*
Hiltpoltstein	*I hauera helf droong.*
Feuchtwangen	*I hobbera helfe droocha gwelld.*
Rothenburg ob der Tauber	*I howwera helfa droocha wolla.*
bei Würzburg	*Ich höüra half draach wöll.*
Gemünden	*Ich wolldera hölf draach.*
Mellrichstadt	*Ich hoore helf wöll dröö.*
Münnerstadt	*Ich hooera hölf draach wöll.*
südlich von Coburg	*Ich wollder bain Draachn half.*
Kronach	*Ich houre draang helf wölln.*
nördlich von Kronach	*Ejch wolldera droong helfn.*

Was die Franken aber wieder mit den restlichen Bayern eint, ist ihre Heimatverbundenheit. Die Oberfranken leben im Schnitt am längsten an ihrem Wohnort, dicht gefolgt von den Unterfranken.

....

7 Aus: Sobisch, Jens. *Fränkisch – das Deutsch des Franken.* Reise Know-How Verlag 2015.

Beim Charakter muss man stark zwischen dem geselligen Weinfranken[8] und dem eher behäbigen Bierfranken unterscheiden.[9]

Hier ein paar nützliche Vokabeln:
Seidla = ein halber Liter Bier
Giggerla = Hähnchen
Gnidla/Glöös = Klöße
Gschmarri = Blödsinn
Doldie = Blödmann

Bierfranken

Während die einen als weinselige Frohnaturen gelten, werden die anderen auf das Bier schlichtweg müde. Der Bierfranke bekommt keine gute Laune, er schläft vorher ein. Kenner sagen, er habe ohnehin eine eher depressive Grundstimmung. Sitzen zwei Franken im Bierkeller, und einer lässt sich zu einem *Heid is aber schee*[10] hinreißen, gibt es mit Sicherheit einen zweiten, der sagt *Ja, aber morgen wird's schlecht.* Lediglich das *Gott sei Dank* dahinter kann er sich mitunter verkneifen. In einem Buch über Franken haben wir den grandiosen Satz gefunden: *Die Manie des Franken ist die Depression des Rheinländers!*[11]

Ja, der Franke bleibt gern unter sich. Während es in altbayerischen und unterfränkischen Lokalen durchaus mal vor-

8 Unterfranken, Weinanbaugebiet
9 Ober- und Mittelfranken und Ostunterfranken mit hoher Brauereidichte
10 Heute ist es aber schön.
11 Sobisch, Jens. *Fränkisch – das Deutsch des Franken.* Reise Know-How Verlag 2015.

kommt, dass man sich zu Unbekannten an den Tisch setzt, so ist das in Bierfranken mehr als unüblich. Lieber wechselt man gleich das Lokal – denn würde man das forcieren, fühlten sich schlichtweg beide Seiten nicht wohl, und die Gegenseite würde wohl schnell zu einem *Mir wollten eh grod geh …* ansetzen.

Auch ist der Franke kein Mensch der ungestümen Tat, stattdessen lebt er gerne im Konjunktiv: Konstruktionen wie *Des könnt ma sich mal überlegen* oder *Ma müsst amol* werden daher sehr gerne verwendet.

Zu diesen anti-enthusiastischen Grundzügen gehört auch, dass bei ihm alles *a weng* ist. Im Supermarkt heißt es dann schon mal *Braung'S a weng a Düdn?*[12]. Das ist natürlich für Restdeutschland schwer vermittelbar, ob man «ein bisschen Tüte» möchte. *Weng* wird ohnehin gern verwendet. *A weng weng Schingn* heißt *ein bisschen wenig Schinken*. Auch ist die Erwartungshaltung gerne negativ: *A weng an Käs ham Sie ned?* Böse Zungen behaupten sogar, dass sich die mangelnde Begeisterung in allen Lebensbereichen finden lässt. So soll der Franke den erfolgreich vollzogenen Beischlaf gar mit einem lakonischen *Na ja, hätt ma des aa widda* quittieren. Dies ist aber bestimmt ein grobes Vorurteil, und wir möchten es wirklich nicht weiter verbreiten.

Weinfranken

Wie überall in Franken ist die Liebe zum Freistaat auch in Unterfranken eher ein bisschen distanziert. In einer Umfrage gab sogar eine deutliche Mehrheit zu, sich eher als Deutsche

....

12 Brauchen Sie ein bisschen Tüte?

als als Bayern zu sehen. Am liebsten bezeichnen sie sich ohnehin als Unterfranken.

Die Geselligkeit wird hier großgeschrieben, und zwar mit allem, was dazugehört. Die Nähe zu Familie und Freunden wird hier Umfragen zufolge am meisten geschätzt. Der Unterfranke gilt als bodenständig, sparsam und sehr gesellig. Erleben kann man das nicht nur auf den unzähligen Weinfesten – eine Besonderheit, die der ein oder andere vielleicht auch aus Rheinland-Pfalz kennt, sind die sogenannten *Heckenwirtschaften*. Das Konzept ähnelt den schwäbischen *Besenwirtschaften*. Eine Heckenwirtschaft ist kein Wirtshaus im herkömmlichen Sinne, sondern hat nur maximal vier Monate im Jahr geöffnet; in Unterfranken ist es quasi ein Ausschank direkt beim Winzer. Dort werden auch einfache Speisen angeboten, und der Wirtsraum darf 40 Sitzplätze nicht überschreiten. Wie viele lustige Unterfranken sich dann aber tatsächlich auf die Bänke quetschen oder ihren Wein im Stehen trinken, dafür gibt es zum Glück keine Regelung.

Das Unterfränkische ist zum Teil schwer zu verstehen, weil es zum einen Wörter extrem zusammenkürzt: *Es it a Ä ü!*[13], zum anderen aber auch Sachverhalte in die Länge zieht. Spricht man von einem «genialen Typen», so sagt man in Unterfranken schlicht *Der mechd sei Zeuch!*[14]. Praktisch ist die mehrfache Verwendung von ein und derselben Vokabel. *Kipf* heißt z.B. Brötchen. Hat man sich das schon mal gemerkt, ist der Weg zum echt unterfränkischen Schimpfwort *Arschkipf* kein weiter. Mit einem lauten *Dunnerkeil*[15] können Sie getrost mit Einheimischen mitfluchen. Auch kulinarisch gibt es na-

----

13 Es ist ein Ei übrig.
14 Der macht sein Zeug!
15 Verdammt noch mal

türlich Feinheiten, drum bringen wir Ihnen noch den *Blootz*[16] bei, das ist das unterfränkische Wort für Kuchen, und den *Grumbrezolood,* also den Kartoffelsalat, dann müssen Sie wenigstens nicht verhungern.

Für Gscheidhaferl

Wir haben eine gute Nachricht für Sie! In Franken sind Sie kein *Zuagroasta* mehr. Aber nicht weil die Franken viel offenherziger sind als die Altbayern. Es ist schlicht ein anderes Wort. Für Menschen, die noch nicht lange da sind, hat der Franke den schönen Begriff *Neigschmeggder.* Also einer, der erst ein bisschen reingeschmeckt hat.

Da es uns Altbayern natürlich nicht möglich ist, in die Untiefen des Franken zu blicken, haben wir uns von einem Kollegen Unterstützung geholt. Michl Müller[17] beschreibt seine Landsleute folgendermaßen:

Der Franke ist ein sehr offener, leutseliger und geselliger Mensch, nur weiß er das selbst nicht. Ich bin auch immer wieder aufs Neue erstaunt, wie oft ich als Letzter eine Party verlasse und mit wildfremden Menschen auch noch Spaß gehabt habe. Denn wenn der Franke einmal feiert, dann gibt

....

16 z. B. Zwetschge-, Öpfl-, Zwiewelblootz
17 Michael «Michl» Müller wurde 1972 in Bad Kissingen in Unterfranken geboren. Er ist Fernsehmoderator und Kabarettist. Seit 2015 begrüßt er mit «Drei.Zwo.Eins.Michl Müller» seine TV-Zuschauer in der ARD.

Wenn jemand in Nürnberg neben Ihnen Nackerte[18] bestellt, so muss Ihnen das nicht peinlich sein. Unter diesem Begriff versteht der Franke das Innere der Bratwurst, serviert auf einem Butterbrot.

es kein Halten mehr. Egal wo. Wie hat meine Oma nach der Beerdigung eines entfernten Verwandten gesagt? «Damals auf seiner Taufe war's schon lustig, seine Hochzeit war der reinste Frohsinn, aber heute beim Leichenschmaus haben wir mehr getanzt!»

Dabei wirkt der Franke auf den ersten Blick immer ein bisschen missmutig. Und gesprächig ist er auch nicht wirklich. Ich würde sogar behaupten, dass die Wahrscheinlichkeit, von einem Blitz im Auto getroffen zu werden, höher ist, als von einem Franken zuerst angesprochen zu werden. Es sei denn, er hat schon drei Schoppen Frankenwein getrunken, möchte von dir unbedingt etwas erfahren oder braucht irgendwas. Die ersten Worte, die mein Nachbar nach zwanzig Jahren zu mir gesagt hat, waren: «Könnte ich mal deinen Rasenmäher haben?»

Den habe ich ihm natürlich gegeben. Er war ja schließlich zwanzig Jahre lang ein toller Nachbar und hat mir meine Ruhe gelassen.

18 Nackige

Bayern, die mit dem Klischee brechen:
Hartwig Reimann

Da wird 1970 ein evangelischer Norddeutscher mit nur 31 Jahren Oberbürgermeister einer fränkischen Stadt und bleibt es 38 Jahre lang. Das ist ja per se schon fast unglaublich. Auch als er 2008 aufhört, macht er das nur wegen des überschrittenen Höchstalters. Sein Name: Hartwig Reimann. Geboren in Westpreußen, aufgewachsen in Niedersachsen und Hamburg und nun seit 61 Jahren Wahlbayer. Aber es kommt noch besser! Als Reimann zum ersten Mal gewählt wird, lebt er sogar noch in München. Wirklich ausgeschlossen habe er sich als *Preiß* aber nicht gefühlt, meint er. Auch nicht während seines Studiums in Erlangen. Anfängliche Probleme machte ihm in
Bayern lediglich seine Parteizugehörigkeit. Als 1968 die SPD in München groß ihren hundertsten Geburtstag begeht und er dort gesehen wird, lernt er das schwarze Bayern richtig kennen. Sofort wird der junge Regierungsrat am folgenden Arbeitstag zu seinem Chef zitiert. Zwar kommt er für seine Parteinähe nicht gleich auf den Scheiterhaufen, aber er muss sich an seiner Arbeitsstelle im Finanzministerium dennoch erklären. In der dortigen Bibliothek wird er dann aus demselben Grund von einem Mitarbeiter konspirativ zur Seite gezogen und flüsternd gefragt, ob er denn auch Mitglied der SPD sei. Als Reimann bejaht, sich freut und vorschlägt, zu zweit eine Betriebsgruppe zu gründen, erwidert der entrüstet: «Um Gottes willen! Ich hab Familie!»

Und warum hat das eigentlich so gut geklappt mit dem Herrn Reimann und Bayern? Schließlich schaffte er es sogar in den Bayerischen Senat. Nun, da half ihm mit Sicherheit auch seine Schlagfertigkeit. Als bei seiner ersten Wahlveranstaltung ein Franke laut moniert «Der spricht ned unser

Sproch», kontert Reimann: «Es ist doch wichtig, dass in einer Stadt zumindest einer Hochdeutsch kann!»

Hier sieht man wieder: Humor schadet nicht, auch heute noch. Als Reimann eine Mail von einer Frau Wanninger bekommt, denkt er, jemand will sich über seine bürokratische Vergangenheit lustig machen, und löscht sie einfach.

Der Bayer
und seine Schwaben

Als Anfang des 19. Jahrhunderts ein Teil des heutigen Schwabens durch den *Reichsdeputationshauptschluss*[1] Bayern zugesprochen wurde, hieß es: «*Gott steh uns bei, wir werden bayerisch!*» Dieser Hilferuf ist aber mittlerweile verklungen, denn wir haben uns *zammagrafft*[2] und können gar nicht mehr ohne den anderen. Die Schwaben helfen nämlich dem restlichen Freistaat beim *Geld zamhalda*[3]. Was immer als Klischee abgetan wird, ist nichts als die reine Wahrheit. So wissen nur die wenigsten Schwaben, was eine Altkleidersammlung ist. Altkleider? Noch nie gehört! In der Regel wandert jedes Kleidungsstück – und sei es noch so zerlumpt – mit den Worten *Des isch no gliedguad*[4] zurück in den Schrank oder verweilt für die Enkelkinder auf dem Speicher.

Martin: Ab und zu kommt es vor, dass es ein Kabarettveranstalter mit der Verpflegung überaus gut mit einem meint und ein kaum zu bewältigendes Catering aus Gebäck, Wurst, Obst, Süßigkeiten und warmen Mahlzeiten kredenzt. Aus diesem Grund reist meine schwäbische Tontechnikerin grundsätzlich mit eigener Tupperdose an. Ein Job reicht ihr, und

1 Das deutsche Reich wurde durch territoriale, staats- und kirchenrechtliche Veränderungen neu geordnet.
2 zusammengerauft
3 Geld zusammenhalten
4 Das ist noch in einem guten Zustand (stammt aus dem nördlichen Schwaben, Nördlinger Ries).

die Mahlzeiten für den Rest der Woche sind gesichert. Oft stehen uns bei der Abreise die erstaunten Veranstalter gegenüber und fragen: Und das habt ihr alles gegessen? Respekt!

Der Lech fließt nicht nur 256 Kilometer durchs Voralpenland, der teils wildromantische Fluss bildet auch eine magische Grenze. Während Ortsnamen östlich des Lechs mit der bairischen Endung *-ing* wie Erding, Huglfing oder Hinterdupfing enden, zaubert der Lech ihnen ein schwäbisch-alemannisches *-ingen* hinten dran. Würde man also die aufgeführten Gemeinden über Nacht abbauen und westlich des Lechs aufbauen, müsste man sie in Erdingen, Huglfingen und Hinterdupfingen umtaufen.

Das bayerische Schwaben umfasst nur etwas mehr als ein Drittel von dem, was der Volksmund als «Schwaben» bezeichnet. Das macht den Schwaben beizeiten auch zu schaffen. Sie werden ungern zu den Baden-Württembergern gesteckt, auch wenn sie ihnen in manchen Bereichen durchaus ähneln. König Ludwig I. ist es übrigens zu verdanken, dass *Bayerisch Schwaben* als einziges Gebiet den alten Schwabennamen noch trägt, verwaltet wird dieser Bezirk von Augsburg.

Dort, wo Bayern schwäbisch schwätzt![5] Diese Gegend beginnt im Nördlinger Ries und zieht sich 200 Kilometer südlich bis hin zu den Allgäuer Alpen. Landschaftlich hat Schwaben also so ziemlich alles zu bieten, was Bayern ausmacht. Das Nördlinger Ries erinnert landschaftlich an ein Becken, denn hier schlug vor Millionen von Jahren ein riesiger Asteroid ein, mit einer Geschwindigkeit von 30 bis 50 km pro Sekunde. Eine Geschwindigkeit also, die sich der eher gemütlich veranlagte Schwabe nur sehr schwer vorstellen kann. Während

---

5 Zeitschrift aus Schwaben

man dieses Gebiet ziemlich genau zwischen Fränkischer und Schwäbischer Alb einordnen kann, hat beispielsweise das Allgäu keine klar definierten Grenzen und wird auch gerne als Lebensgefühl bezeichnet.

Trotz der Erderwärmung kann sich der Allgäuer im Winter auf genügend Schneefall verlassen und genießt diesen auch, da er im Sommer genug Sonne tanken konnte. Zu Recht, schließlich betet der gläubige Allgäuer regelmäßig den Wettersegen. Neben den rund 500 000 Einwohnern klingen die Glocken der circa 400 000 Kühe aus allen Winkeln des Bergpanoramas. Touristisches Highlight ist natürlich der Viehscheid[6], wenn die prachtvoll geschmückten Kühe am Ende des Sommers von den Almen zurück ins Tal getrieben und den Bauern zum Überwintern übergeben werden. Sie merken, hier ist man hauptsächlich der Landwirtschaft und dem Handwerk zugetan. Wichtigstes Material ist das Holz, damit hübscht man nicht nur seine Hausfassade auf, sondern schafft auch großartige Kunstwerke, denn die Menschen hier

6 Almabtrieb

sind Bastler. Ein original Memminger hat uns erzählt, dass er gerne in *d'Sach neischaued*[7], deshalb Dinge gerne zerlegt, aber sie anschließend nicht mehr zusammenbauen kann.

August Grisebach, ein Kunsthistoriker aus Berlin wohlgemerkt, beschrieb die Schwaben folgendermaßen: «*Der Schwabe hat keinen starken Trieb, in andersgeartete Bereiche hinüberzulenken und Eindrücke aufzunehmen, die seine Bahn erregend ändern. Bedachtsamer bei der Begegnung mit dem ihm innerlich Fremden, ruht er mehr in sich selbst als der Franke, mitunter nicht ohne die Gefahr der Inzucht*».[8] Etwas gewagt, dachten wir uns und ließen deshalb unseren schwäbischen Kollegen Eckhard Greiner zu Wort kommen[9]:

Der bayrische Schwabe hat's nicht leicht. Jedenfalls nicht seit 1803. Denn da wurde er von Napoleon den Bayern geschenkt und muss nun auf die Frage, wo er denn herkomme, mit dieser Doppelzuordnung «Bayerisch-Schwaben» antworten. Denn sagte er nur Schwaben, wird er im Württembergischen vermutet, und das will er ja auf keinen Fall (obwohl er tief drinnen weiß, dass er mit den Schwaben jenseits der Grenze mehr gemein hat, als ihm lieb ist). Sagte er aber Bayern, dann wird er mit den Oberbayern in einen Topf geworfen, und da drin ist ihm auch nicht wohl. Da ist ihm viel zu viel Mia-san-Mia drin. Das mag er nämlich nicht, dieses Großkotzige. Er ist eher ein Bescheidener. Und ein Ruhiger. Am liebsten schweigt er und werkelt so einfach vor

---

7 «in die Sache reinschaut»

8 Aus dem Buch: Bayerisch Schwaben – Kultur, Geschichte und Landschaften zwischen Ries und Lechfeld, von Lydia L. Deswiel, DuMont Buchverlag, 1990.

9 Eckhard Greiner wuchs im Nördlinger Ries auf, zog allerdings im Alter von 26 Jahren nach Berlin, um dort eine Schauspielausbildung zu absolvieren. Im Berliner Szeneviertel Friedrichshain gründete er das Theater am Schlachthof, welches er, neben verschiedenen Fernsehrollen, bis heute betreibt.

sich hin und wird in Ruhe gelassen. Und wenn ihn doch mal jemand anspricht und nach der Herkunft fragt, dann sagt er halt, er komme aus dem Ries oder aus dem Allgäu oder vom Lechfeld oder aus Augsburg. Deswegen fristet der Schwabe in Bayern neben den Altbayern und den Franken auch so ein Schattendasein. Aber dem bayerischen Schwaben ist das eigentlich ganz recht. Dann hat er seine Ruhe.

Der schwäbisch-alemannische Dialekt ist, wie auch der fränkische und bairische, unheimlich vielseitig. Wie, das sehen Sie an folgendem Beispiel:

dt. Standardsprache:	Gestern war noch Winter, heute ist schon Frühling.
Oberallgäu:	Nächt isch no Wintr gwea, huit isch schu Frieling/Länzeg.
Ostallgäu:	Nächt isch no Wintr gwee, heit isch scho Frieling.
Westallgäu:	Geaschtig isch no Wintr gsi, heit isch scho Frieling.
Augsburg:	Geschdern isch no Windr gwesa, heid isch scho Frialing.
Nördlinger Ries:	Geschdrn isch no Wendr gwäsd, heit isch scho Frialeng.

Nimmt man jetzt beispielsweise den Dialekt, der im Nördlinger Ries gesprochen wird, so stolpern wir wieder über die doppelte Verneinung, wie in *Dr Moir hot koi Kia nemme*[10]. Auch gibt es hier das *rollende R*, wie auch im Rest des Freistaats, jedoch ist es so gleich nun auch wieder nicht. Die Rieser rollen zum einen dezenter als der gemeine unsensible Oberbayer,

....

10 Der Meier hat keine Kühe (nicht) mehr.

zum anderen tun sie dies auch am Wortende. So wird aus einem Bauer schnell ein *Baur*. Da das *R* aber hier nur ganz zart mit ein bis zwei Zungenschlägen gesprochen wird, ist es für einen Auswärtigen praktisch unmöglich, diese Sprachfärbung anzunehmen. Glauben Sie es uns, wir haben's probiert.

Eine weitere Besonderheit des Schwäbischen ist der nasale Klang, weshalb auch immer wieder eine Verwandtschaft mit dem Chinesischen angenommen wird. Hier können Sie das Schwäbische schon einmal üben, bevor Sie das schöne Nördlingen besuchen. Vergessen Sie aber bloß nicht, die Vokale nasal auszusprechen, denn das ist der ganze Zauber:

Om lei dong = Umleitung

Aua, mei Zong! = Au, meine Zunge!

Sie werden es nicht glauben, aber die Rieser können ganze Dialoge in diesem Dialektchinesisch bestreiten:

Hond ui Sai? = Habt ihr Schweine?

Noi os hon koi Sai. = Nein, wir haben keine Schweine.

Nicht Chinesen, sondern amerikanische Astronauten[11] haben übrigens im Juli 1970 eine Exkursion ins Nördlinger Ries gemacht. Sie sollten auf dem Mond beweisen, dass die Krater dort durch Asteroiden entstanden sind und dafür im Ries üben. So die offizielle Version. Die Rieser glauben da an eine ganz andere Wahrheit. Schließlich gibt es Gerüchte, dass der Asteroit, der einst das Ries geformt hat, auch außerirdisches Leben auf die Erde mitbrachte und dieses nun in den Rieser Genen fortlebt. So war der Ausflug ins Rieser Becken für die Astronauten vielleicht nichts anderes als eine vorsichtige Vorbereitung auf den Mann im Mond.

....

11 Alan Shepard, Ed Mitchell (Apollo 14) und Gene Cernan
    (Apollo 17)

Wie Sie sehen, Humor hat der Schwabe auch. So kursiert ein alter schwäbischer Witz, den wir Ihnen wirklich nicht vorenthalten wollen.

Sitzen ein Deutscher, ein Schweizer und ein Schwabe (aus Bayern versteht sich) in einem Zug von Zürich nach Düsseldorf.
Fragt der Schweizer den Deutschen: *«Sind'S aa z'Zirich g'zie?»*[12]*»*
Darauf der Deutsche: *«Äh, wie bitte?»*
Der Schweizer: *«Sind'S aa z'Zirich g'zie?»*
Darauf wieder der Deutsche: *«Tut mir leid, ich kann Sie leider nicht verstehen!»*
Der Schweizer versucht es erneut: *«Sind'S aa z'Zirich g'zie?»*
Der Deutsche versteht ihn wieder nicht, aber der Schweizer fragt immer weiter.
Irgendwann der Schwabe zum Deutschen: *«Drrr moind: gwää!»*[13]

───────── *Fun fact* ─────────

In Bayrisch Schwaben gibt es keinen Dienstag. Dieser wird dort *Afdrmeede* genannt, was im Prinzip *nach dem Montag* heißt. Dies geht wohl auf einen mittelalterlichen Augsburger Bischof zurück, der die heidnischen Anklänge im damals *Zischde* genannten Dienstag auslöschen wollte und kurzerhand ein neues Wort erfand.

....

12 «Waren Sie auch in Zürich?»
13 «Der meint: gewesen!»

Die Fuggerei in Augsburg ist die älteste bestehende Sozialsiedlung der Welt. Der wohlhabende Augsburger Jakob Fugger erbaute die 67 Reihenhäuschen mit insgesamt 140 Wohnungen à 60 Quadratmeter im Jahr 1521 für bedürftige katholische Augsburger Bürger. Bis heute wird die Sozialsiedlung mit ihren circa 150 Bewohnern aus dem Stiftungsvermögen Jakob Fuggers erhalten. Die Jahreskaltmiete pro Wohnung beträgt den unglaublichen Preis von 88 Cent. Im Gegenzug verpflichten sich die Bewohner, einmal täglich ein Vaterunser, ein Glaubensbekenntnis und ein Ave-Maria für die Stiftungsfamilie Fugger zu beten.

Der Bayer
und seine Hauptstadt

Von den einen gehasst, von den anderen geliebt. Schickimicki-Zentrum und Lodenjacke-Dackel-Image, wie geht das zusammen? Nun, in unseren Augen geht das ganz hervorragend. Der Autor Oliver Hassencamp sagte: «Wer behauptet, München sei eine Weltstadt mit Herz, der hat keines.» Was ihn übrigens nicht daran hinderte, jahrelang genau in dieser Stadt zu leben. Nun, wie fangen wir an? München, vom restlichen Bayern auch *Minga*, *Minka*, *Minkn* oder *Minichn* genannt. Und wir meinen damit nicht den 25-Seelen-Ortsteil München im Markt Hutthurm bei Passau[1], sondern die Hauptstadt Bayerns mit circa 1,5 Millionen Einwohnern und einem schwindelerregenden Zuwachs. Allein zwischen 2000 und 2017 gab es einen Zuzug von über 20 Prozent. Und das, obwohl es vorher auch schon keine Wohnungen gab. Es ist uns ein Rätsel, wo die vielen Neu-Münchner trotz fehlender Wohnungen hinverschwinden. Leben sie alle in Schließfächern am Hauptbahnhof, unter asiatischen Restaurants am

....

1 Ein weiterer Ortsteil von Hutthurm hat 300 Einwohner und heißt Prag.

Rosenheimer Platz oder einfach für immer auf der Couch dieses einen Freundes, der das aus Leichtsinn «für den Übergang» mal angeboten hat?

Nun, wenn so viele Menschen nach München wollen, kann die Stadt schon mal so falsch nicht sein, möchte man meinen. Allerdings gibt es vor allem bei der bayerischen Landbevölkerung große Vorbehalte, zumal für die meisten Bayern die Landeshauptstadt schon vom Gefühl her ein bisschen aus der Welt ist. So werden wir nach Kabarettauftritten oft gefragt: *Wos? No bis auf Minga miassts ihr heid?*[2] – selbst dann noch, wenn es sich lediglich um eine einstündige Autofahrt handelt. Auch hören wir oft, München sei anonym, laut, stickig, gefährlich und vor allem *saudeia*[3]. Im Nachgang gibt es dann meistens noch einen, der murmelnd hinzufügt: *und voller Preißn.* Und ja, spätestens jetzt müssen wir kapitulieren, denn die Identität dieser Stadt, ihre Sprache, hat sie lange schon weitgehend verloren. Verstehen Sie uns nicht falsch, es gibt sie freilich noch, diese alten Münchner, die Begriffe wie *Trottoir*[4] oder *Zamperl*[5] so selbstverständlich in ihren Alltag integrieren, aber viele sind es nicht mehr. Von den Münchner Kindern spricht nur noch ein mageres Prozent Dialekt. Man geht davon aus, dass das *Münchnerische* bis zum Jahr 2050 gänzlich ausgestorben sein wird. Schon jetzt hört man dort kaum den Unterschied zu anderen großen Städten Deutschlands. Mit ganz viel Glück kommt man vielleicht an eine robuste Metzgereifachverkäuferin, der zur

2 «Was? Noch bis nach München müsst ihr heute?»
3 sauteuer, alle anderen Adjektive sind schlicht und ergreifend der Tatsache geschuldet, dass München eine große Stadt ist. München ist die sicherste Großstadt Deutschlands.
4 Bürgersteig
5 kleiner Hund

Verabschiedung ein *Pfiagod*[6] rausrutscht, oder wird von einem Betrunkenen in der U-Bahn laut als *Bläde Beißzang* betitelt. Dann kann man sich lächelnd zurücklehnen und sich mit prallgefülltem Herzen denken: *Wie schee is unser Dialekt?*

> **Franziska:** *Meine Schwester lebt in München und spricht mit ihren Kindern zu Hause nur bairisch, das heißt, sie werden quasi zweisprachig erzogen. Als sie ihre ältere Tochter zur Grundschule brachte und diese sich mit einem «Pfiade»[7] verabschiedete, hörte das eine Mitschülerin und sagte zu ihr: «Hä, was redet ihr denn da? Is' das Tschechisch?»*
> *Das ist ein sehr treffendes Beispiel dafür, wie sehr der bairische Dialekt in der Landeshauptstadt bereits den Dinosaurierstatus erreicht hat.*

Dabei ist es gar nicht so, dass sich nix tut. Viele besinnen sich wieder ihrer bayerischen Wurzeln, machen bayerische Lokale mit bayerischen Namen und bayerischen Speisekarten auf – nur bairisch sprechen, das können die wenigsten. Aber es gibt doch so viele Zugezogene, nein, wir meinen jetzt nicht die *Preißn*, sondern die vielen Zugezogenen aus dem ländlichen Bayern. Die sprechen zwar schönstes Bairisch, schreien dann aber ihrer Pauline-Charlotte hinterher: *Das tust du der Mama geben, gell?* Wäre es da nicht besser, das Kind lernt gleich richtige Grammatik, auch wenn es die bairische ist? Dialekt sprechen, vor allem mit Kindern, ist die einzige Möglichkeit, um ihn zu erhalten. Wie schade wäre es, wenn der *Kaschperlkopf* ausstürbe oder gar das *Zuckergoschal*. Wenn

....

6 Das ist die bairische Kurzfassung von «Behüt dich Gott» und eigentlich ein sehr netter Wunsch zum Abschied.
7 Tschüs

man zu Kindern nicht mehr *Zornbinkerl* sagt, *Gaudinockerl* oder *Rotzbibbn*. Da München eine der wenigen Städte ist, in der die Zahl der Neugeborenen die der Verstorbenen übersteigt, haben wir noch Hoffnung für die Zukunft.

Dennoch raten wir Ihnen, lauschen Sie in München den bairischen Klängen, dann können Sie wenigstens Ihren Kindern davon erzählen.

Wenn Sie heute durch München gehen, sehen Sie vor allem die verschiedenen Herrscher, die sich hier verwirklichen konnten. Der pfälzische Kurfürst Karl Theodor gestaltete den Englischen Garten[8], König Ludwig I. die Ludwigstraße, sein Sohn Max II. die Maximilianstraße[9] und Prinzregent Luitpold die Prinzregentenstraße. Jeder nach seinem Geschmack und seiner Zeit.

München hat aber nicht nur aufgrund seiner architektonischen Vielfalt eine enorme Lebensqualität. Alpen und Seen sind zum Greifen nahe, ja, selbst das Münchner Wasser kommt direkt aus dem Mangfalltal. Außerdem hat das an Superlativen nicht arme München auch einige Besonderheiten parat. So befindet sich mitten in München, neben dem Haus der Kunst, die vermutlich größte stehende Wasserwelle in einer Großstadt, gespeist von einem kleinen Stadtbach: die Eisbachwelle. Hier können Sie sommers wie winters hartgesottene Surfer beobachten, die auf der Welle ihre Künste

....

8 Der Englische Garten ist größer als der New Yorker Central Park und damit der größte Stadtpark der Welt.

9 Luxuriöseste Shoppingmeile Münchens, sie hat circa 2660 Passanten/Stunde und ist der beste Ort, um das Treiben der Reichen und Schönen zu beobachten. Es kostet Sie aber vielleicht einen Cappuccino für 6 Euro.

zeigen. Es kommen sogar Surfer aus der ganzen Welt nur hierfür nach München. Der Eisbach, der sich anschließend durch den Englischen Garten schlängelt, ist bei den Münchner äußerst beliebt. Baden ist verboten und auch nicht ganz ungefährlich. Der Eisbach hat eine starke Strömung, und unter der Wasseroberfläche lauern auch einmal entsorgte Gegenstände. Das hindert aber die vielen Münchner nicht, sich bei heißen Temperaturen ins kühle Nass zu werfen. Nur in Badekleidung[10], dafür aber tropfnass und ohne Fahrkarte begegnet man diesen Wagemutigen dann gern mal in der Tram zwischen Tivolibrücke und Nationalmuseum, um zum Ausgangspunkt zurückzufahren. Da es sich oft um Kinder handelt und der Münchner an sich alles nicht so eng sieht, werden diese Schwarzfahrten von den Verkehrsbetrieben meist stillschweigend geduldet.

Nun, was müssen Sie noch wissen über die «nördlichste Stadt Italiens»?[11] Die Bezeichnung Millionendorf trifft es ganz gut. München hat schon städteplanerisch einen dörflichen Charakter und sich auch aus dem Zentrum heraus entwickelt. Dazu passt auch der Bürgerentscheid von 2004, in dem sich die Mehrheit der Münchner Bürger für eine Begrenzung der Gebäudehöhen aussprachen. Innerhalb des Mittleren Rings darf daher kein Haus gebaut werden, das höher ist als die Frauenkirche[12].

Was die Verkehrsführung betrifft, so tat sich die Stadtverwaltung lange schwer mit großen städteplanerischen Ent-

....

10 mitunter aber auch nackt
11 Diesen Titel macht München übrigens das wunderschöne Regensburg streitig. Und na ja, was sollen wir sagen? Regensburg ist eindeutig nördlicher.
12 99 Meter

scheidungen. Der äußere Autobahnring A99 ist beispielsweise bis heute nicht geschlossen[13]. Vieles wäre heute auch anders, hätte es die Olympischen Spiele 1972 nicht gegeben. Die Stadt hat hierfür in kürzester Zeit einen enormen Wandel vollzogen. Alles musste viel früher als gedacht umgesetzt werden: U-Bahn, S-Bahn, das erste Großstadion, eine Fußgängerzone und der berühmte Sperrbezirk[14]. Letzterer führte zu großen Konflikten mit den Münchner Prostituierten, die im sogenannten *Dirnenkrieg* gipfelten. Freier und Prostituierte kämpften unter anderem für «Bumsfreiheit», Staat und Stadt für eine bordellfreie Innenstadt zu den Olympischen Spielen.

Für die Gestaltung des Olympiageländes wurde 1967 ein Architekturwettbewerb ausgeschrieben. Die Legende besagt, dass die späteren Gewinner, das Büro Behnisch & Partner aus Stuttgart, ihr Glück vielen Zufällen zu verdanken hatten. Sie hatten die Idee, ein ähnliches Zeltdach zu bauen wie eines, das sie auf der Weltausstellung in Montreal gesehen hatten[15]. Ihre Bewerbung entsprach allerdings nicht den

....

13 Böse Zungen behaupten, dies liege daran, dass nur noch der südliche Teil fehlt. Auch eine sinnvolle S-Bahn-Trasse wurde in diesem Gebiet immer wieder verworfen. Denn dort wohnen nicht nur die reichsten Münchner, sondern vermutlich auch die Entscheider.

14 Hier sollten vor den Olympischen Spielen die Prostituierten aus der Innenstadt komplimentiert werden. Die Münchner Band «Spider Murphy Gang» verarbeitete dies mit einem Augenzwinkern in ihrem Lied «Skandal im Sperrbezirk» (1981); wegen dem im Text vorkommenden Wort *Nutten* wurde das Lied von bayerischen Radiosendern boykottiert. Es landete trotzdem auf Platz 1 der deutschen Singlecharts.

15 Der Architekt dieser ursprünglichen Konstruktion war Frei Otto.

Richtlinien. Sie konnten schlicht und ergreifend keine statischen Berechnungen mitliefern. Ja, man konnte damals die Statik dieser Zeltkonstruktion auch noch überhaupt nicht berechnen. Stattdessen bastelte Behnisch aus Nylonstrümpfen, Zahnstochern und viel Klebstoff ein Modell. Das war den Entscheidern aber zu heikel, und die innovative Idee wurde schnell aussortiert. Erst als der damalige Bundesfinanzminister Franz Josef Strauß davon Wind bekam, entschied man sich für die schöne, aber waghalsige Innovation, mit dem Hintergrund, ein Exempel für das neue Deutschland zu statuieren. Die aufwendige Dachkonstruktion, die mit 40 Millionen veranschlagt war, kostete am Ende 170,6 Millionen Mark. Dennoch wurde sie zu einem unvergleichlichen Wahrzeichen Münchens.

Der Vorschlag von Behnisch war im Übrigen auch der einzige, der den Schutthügel aus dem Zweiten Weltkrieg miteinbezog. Man ließ nun also wortwörtlich *Gras drüber wachsen* und nannte ihn *Olympiaberg*.[16] Heute ist der Berg nicht nur ein beliebter Picknickort bei großen Livekonzerten im Stadion, es gibt dort natürlich auch einen Biergarten, die Olympia Alm.

Schon vor den beiden Weltkriegen war München, allen voran Schwabing, ein Zentrum der Boheme. Zahlreiche bedeutende Literaten und Maler verkehrten zum Beispiel im «Simpl» in der Türkenstraße.[17] Die in München herausgege-

16 Da die Olympischen Spiele 1972 die ersten Spiele in Deutschland seit 1936 waren, setzte man auf eine Architektur, die mit der Landschaft verschmilzt und keine großräumigen flachen Freiflächen bietet.
17 Heute wird er als «Alter Simpl» weitergeführt.

bene Zeitschrift «Jugend» war sogar namensgebend für den Jugendstil. Die Skandalgräfin Franziska Gräfin zu Reventlow sagte einmal: «Schwabing ist kein Ort, sondern ein Zustand», womit sie vermutlich recht hatte. Seither war Schwabing immer wieder ein Ort, der Geschichte schrieb, nicht zuletzt wegen des unvergleichlichen Nachtlebens der 60er und 70er. Damals war München bekannt als das «deutsche San Francisco». Jimi Hendrix zerschmetterte seine erste Gitarre[18], Uschi Obermaier lernte Mick Jagger kennen, und Freddie Mercury feierte legendäre Schwulenpartys und verliebte sich dann in den Wirt. Ohne Happy End übrigens. Hier feierte man oben ohne in goldenen Hot Pants drogenschwangere Feten in der ersten Großraumdisco Deutschlands.[19] Die verrückten Phantasien der Clubbetreiber schienen keine Grenzen zu kennen. So gab es zum Beispiel in Schwabing das

18 bei seinem Auftritt im «Big Apple» am 9. 11. 1966
19 das «Blow Up» am Elisabethmarkt

«Yellow Submarine», hier sah man durch Bullaugen in ein Aquarium, das 650 000 Liter Meerwasser, 36 Haie und einige Riesenschildkröten enthielt.

Bei diesen illustren Gästen der 60er und 70er Jahre wundert es nicht, dass mit den Musicland Studios ein bedeutendes Tonstudio in München ansässig war. Im Keller des Arabella-Hochhauses gingen Donna Summer oder Deep Purple ein und aus. Hier entstanden unter anderem «Black and Blue» von den Rolling Stones sowie zahlreiche Queen-Alben. Als in den 80er Jahren dann die U4 zum Arabellapark gebaut wurde, musste das Studio aufgelöst werden. Die Trasse verlief nämlich nur wenige Meter hinter der Studiowand, durch die Vibrationen war nun keine saubere Aufnahme mehr möglich.

Kurioses über München

Bereits in den 30er Jahren wurde in München an einer U-Bahn gebaut. Der Bau wurde aber aufgrund von Ressourcenknappheit während des Zweiten Weltkrieges eingestellt. Über die Jahre vergessen, wurden die feuchten Tunnel lang zur Champignonzucht verwendet. Mit größtem Aufwand und hohen Kosten wurden später die zum Teil verfallenen Tunnel in das neue U-Bahn-Netz integriert.[20]

Im Juni 1971 lief das Becken des «Yellow Submarine» aus Versehen über. Zum Glück war es Sonntagmorgen und der Club leer, denn die Haifische schwammen über drei Etagen. Die

....

20 Sehen kann man das z. B. bei der Haltestelle Goetheplatz, der U-Bahnhof liegt viel flacher unter der Erde als andere Bahnhöfe.

Feuerwehrleute brauchten vier Stunden, um das Wasser abzupumpen.

An der Technischen Universität gibt es Rutschen, die über vier Etagen reichen und 13 Meter hoch sind. Sie sollen den Studenten die Möglichkeit geben, schneller zu den Vorlesungen zu kommen.

Das Maximilianeum, das Gebäude, in dem der Landtag seinen Sitz hat, gehört überhaupt nicht dem Freistaat, sondern der Stiftung Maximilianeum. Der Landtag muss dafür auch Miete bezahlen.

Die Stiftung Maximilianeum, vom bayerischen König Maximilian II. 1852 gegründet, soll begabte Studenten mit freier Kost und Logis unterstützen. Die Studenten leben in dieser Zeit im Maximilianeum. Bewerben können sich Abiturienten aus Bayern sowie dem Gebiet der ehemaligen bayerischen Pfalz. Von den jährlich etwa 400 Abiturienten mit einem Notendurchschnitt von 1,0 werden immer etwa sechs bis neun Kandidaten aufgenommen.

Seit dem 24. Juni 1977 steht im Münchner Kino *Museum Lichtspiele* der Film «The Rocky Horror Picture Show» auf dem Programm. Es hält deshalb auch einen Weltrekord.

Das älteste Gebäude Münchens ist keine Kirche, sondern ein Klo aus dem 13. Jahrhundert. Die Latrine wurde vor einigen Jahren bei Bauarbeiten am Marienhof gefunden.

Weil nach dem Zweiten Weltkrieg 90 Prozent der historischen Altstadt zerstört waren, gab es sogar Pläne, München am Starnberger See ganz neu zu erbauen. Karl Meitinger, dem damaligen Münchner Stadtbaurat, ist es zu verdanken, dass letztlich eine andere Maxime verfolgt wurde: So viel als möglich bewahren und sich trotzdem dem Neuen nicht verweigern. Schließlich sollen die Münchner ihre einzigartige und liebgewonnene Stadt wiedererkennen.

1933 wurde an der Ostseite der Feldherrnhalle eine Gedenktafel für die Gefallenen des Hitler-Ludendorff-Putsches angebracht. Daneben stand zu jeder Zeit eine SS-Mahnwache, und jeder Passant war verpflichtet, an dieser Stelle die rechte Hand zum Hitlergruß zu erheben. Viele Münchner «drückten» sich, indem sie einen Umweg über die Viscardigasse machten. Im Volksmund hieß die Gasse bald «Drückebergergasse».

Die großen Berühmtheiten werden seit den 50er Jahren auf dem Bogenhausener Friedhof beigesetzt. Dort liegen Rainer Werner Fassbinder[21], Oskar Maria Graf, Walter Sedlmayr, Erich Kästner oder Liesl Karlstadt. In München ist man eben auch über den Tod hinaus exklusiv.

21 Das führte damals zu großen Diskussionen.

Die ehemalige Kurpfalz gehörte bis Ende des Zweiten Weltkriegs zu Bayern, sozusagen das bayerische Alaska mit mediterranen Temperaturen. Erst durch eine entsprechende Verordnung der französischen Besatzer wurde sie 1946 in das heutige Bundesland Rheinland-Pfalz eingegliedert. Aber die Liebe zu Bayern blieb weiterhin bestehen, und man gönnt sich bis heute einen eigenen Pfalzreferenten. 1956 hatte man sogar noch durch ein Volksbegehren versucht, die Kurpfalz zurückzuholen. Dieses scheiterte jedoch mit 7,6 Prozent statt dem benötigten Quorum von 10 Prozent.

Seit 1950 unterhält der Landesverband der Pfälzer in Bayern am Odeonsplatz in München die «Pfälzer Weinstube». Ja, in den Kellergewölben der Residenz lagern bis zu 60 000 Flaschen Pfälzer Wein. Getrunken werden sie vor allem von Münchner Stammgästen, Touristen sind aber ebenfalls willkommen. Mit den Einkünften aus der Weinstube werden seit 1974 bedürftige junge Pfälzer unterstützt, die in Bayern ihre Ausbildung absolvieren.

Da kann man hingehen

◆ Tanz der Marktfrauen *(Faschingsdienstag)*
◆ Starkbierfest auf dem Nockherberg *(Februar/März)*
◆ Frühlingsfest *(April)*
◆ 1. Auer Dult *(Mai)*

- Kino, Mond & Sterne im Westpark *(Mai–September)*
- Filmfest München *(Juni/Juli)*
- Sommer-Tollwood im Olympiapark *(Juni/Juli)*
- Oper für alle am Marstallplatz *(Juli)*
- Christopher Street Day *(Juli)*
- Kocherlball *(Juli)*
- 2. Auer Dult *(Juli)*
- Theatron-Festival im Olympiapark *(Juli)*
- Oktoberfest *(September/Oktober)*
- 3. Auer Dult *(Oktober)*
- Münchner Bücherschau *(November)*
- Winter-Tollwood auf der Theresienwiese *(November)*
- Unzählige Christkindlmärke, bei denen jeder einen eigenen Charakter hat.

Besonders sind neben dem touristischsten auf dem Marienplatz diejenigen an der Münchner Freiheit, im Innenhof der Residenz oder am Weißenburger Platz.

Unsere sonstigen Tipps für München

München ist eine wunderbare Stadt, um einfach nichts zu tun. Schlendern Sie also an der Isar entlang oder laufen Sie gemütlich durch die Innenstadt. Trinken Sie einen Cappuccino im Café Luitpold oder fahren Sie nach Schwabing und trinken Sie ein Radler im Biergarten am Chinesischen Turm. Vor allem aber genießen Sie die Gemütlichkeit dieser Stadt. Wenn Sie majestätische Luft schnuppern wollen, so gleiten Sie doch mit einer echt venezianischen Gondel durch den Nymphenburger Kanal oder verweilen Sie ein wenig im Schlosspark.

Wenn Ihnen das auf Dauer zu fad wird, dann entscheiden

Sie sich für eines der zahlreichen Kunstmuseen oder setzen Sie sich in eines seiner Cafés.

Suchen Sie etwas Besonderes, so besuchen Sie doch das Valentin-Karlstadt-Musäum am Isartor. Kinder unter 6 Jahren sowie 99-Jährige in Begleitung ihrer Eltern haben dort sogar freien Eintritt. Aber nur, wenn sie anschließend hoch ins Turmstüberl steigen, in ein München längst vergangener Zeiten. Aber keine Angst, die dortigen Backwaren sind nicht nur frisch, sondern auch vorzüglich.

An heißen Tagen halten Sie am besten die Füße in den kalten Eisbach, gehen ins Naturbad Maria Einsiedel oder legen sich zu den Nackerten an die Isar. Hier kennt Sie ja keiner.

— Darüber lacht man in München —

Ein Münchner geht an der Isar spazieren. Da sieht er einen Mann am Ufer, der einen Becher in den Fluss taucht und gerade trinken will. Der Münchner schreit: «Ja, bist denn du narrisch! Des Wasser kannst doch ned sauffa! Des is ja dreckad und womöglich voller Bakterien.» Der Mann dreht sich um und sagt: «Verzeihung, wat hamse jesacht?» Darauf der Münchner: «Sie müssen gaaaaaanz langsam trinken. Das Wasser ist seeeeehr kalt.»

Der Bayer
und sein Glaube

Ja, es stimmt, 80 Prozent aller Bayern sind gläubig, und 79 Prozent davon besuchen am Sonntag nicht den Gottesdienst. Mit «gläubig» sind natürlich beide christlichen Religionen gemeint – Katholiken und Protestanten –, aber die Mehrheit ist katholisch. Im bundesweiten Vergleich laufen uns zwar die Saarländer im Verhältnis den Rang ab, aber mit aktuell circa 6,4 Mio. leben immerhin sechsmal so viele Katholiken in Bayern, als das Saarland überhaupt Einwohner hat. Das entspricht einem Anteil von rund 50 Prozent. Zum Vergleich: 1950 waren es noch über 70 Prozent. Missbrauchs- und Finanzskandal lassen herzlich grüßen.

Wir stellen uns natürlich die Frage: Glauben die Bayern anders als die Restdeutschen? Dazu haben wir uns mit Bayerns bekanntestem Pfarrer getroffen: Rainer Maria Schießler.

Während einer Messfeier in Nordrhein-Westfalen ist ihm aufgefallen, dass sich das unglaubliche Maß an Selbstbewusstsein der Preußen sogar im Gottesdienst widerspiegelt. Die singen viel lauter! Während man bei uns oftmals die Kirchenorgel aufs letzte Register minimieren muss, um wenigstens die einzig verbleibenden zitternden Tonreste von «Großer Gott» der 88-jährigen Kreszenz Maier aus der ersten Reihe wahrnehmen zu können, könnte die hochdeutsche Orgel jederzeit ihre Registergewalt *tutti* erklingen lassen, vor allem, wenn junge ambitionierte Kapläne frisch aus dem Priesterseminar in die Pfarreien strömen und glauben, sie müssen neue Gottesdienstlieder einführen. Dann hört der Bayer lieber dem Chor zu – auch wenn es oft arg lang dauert, bis dieser zum «Amen» kommt.

Der Bayer redet auch ganz anders mit Gott, und seine Gebete sind meist im Konditional gesprochen. Mit einem *«Jetzt hätt' i dann dei Hilfe braucht!»*[1] will man den lieben Gott eher aus der Reserve locken, bevor man mit der Tür ins Haus fällt.

Wer sich bei Pfarrer Rainer Maria Schießler übrigens einen Kleriker in voller Montur mit Kollar und Soutane beziehungsweise Talar vorstellt, wird bitter enttäuscht. Er ist Stadtpfarrer in Münchens buntestem Stadtteil, dem Glockenbachviertel, und erscheint bei unserem Treffen in einem Hemd, das weiter geöffnet ist, als es die katholische Kirche gegenüber Homosexuellen jemals sein wird. Dass dieser geborene Münchner die Kurie ordentlich aufwirbeln wird, war vorhersehbar. Schon als junger Kaplan bot sein ihm übergeordneter Pfarrer die Beichte in zwei Sprachen an: deutsch/italienisch. Er tat es ihm gleich und hängte ein Schild vor den Beichtstuhl: deutsch/bairisch.

In München war er als «Wiesnpfarrer» bekannt. Aber nicht, weil er dort feierliche Messen hielt, nein! Jahrelang nahm er sich Urlaub, tauschte gut zwei Wochen lang Messwein gegen Festbier und jobbte auf dem Oktoberfest als Bedienung für den guten Zweck. «Es gibt keine größere Sünde als das ungelebte Leben!» Dieser Satz könnte genauso über der Tür eines Bordells stehen, entstammt aber seinem Buch «Himmel, Herrgott, Sakrament». Mit seiner Kritik am eigenen Arbeitgeber erlangte er bayernweite Bekanntheit. Der Streik der katholischen Frauen «Maria 2.0» geht ihm nicht weit genug, den Zölibat würde er gerne von seiner Pflicht befreien, und

---

1 «Jetzt hätte ich dann deine Hilfe gebraucht!»

die Ringe von schwulen Pärchen segnet er. Ja man könnte fast meinen, dieser Mann provoziert mit Absicht. Tut er auch, denn wie sonst könnte man die Aufmerksamkeit derer, die schon lange der katholischen Kirche den Rücken zugedreht haben, noch erlangen? Dennoch spricht er von seiner Kirche beziehungsweise seinem «Laden», den er verändern will. Er will die Menschen zurückholen, wenn es sein muss jeden Einzelnen und am liebsten persönlich. Aufgrund dieser Mammutaufgabe und der Tatsache, dass er auf Bairisch predigt, wurde er 2016 mit der Bayerischen Sprachwurzel ausgezeichnet. Die Begründung: Pfarrer Schießler sei ein «dialektaler Menschenfischer». Über diesen Preis freut er sich ganz besonders, denn «der ist für meinen Kardinal unerreichbar. Des is nämlich a Preiß!» Dieser Mann bricht wirklich mit allen Klischees der katholischen Kirche, und wir hätten gerne mehr davon.

Der «bayerische Glaube», wenn man ihn überhaupt so bezeichnen mag, ist toleranter und flexibler. Der *wurschtelt*[2] sich so durch die preußischen Vorschriften und richtet es sich schon so, dass es passt, und wenn, so genau wird's der Herrgott schon nicht nehmen. Es kann schon einmal vor-

2 hangelt

kommen, dass man sich, wenn einem die Kirche den Gang zur Kommunion aufgrund einer Scheidung verwehrt, andere *Zuckerl*[3] sucht. Schließlich will der liebe Gott ja, dass es einem gut geht, und so kann es schon mal passieren, dass sich das ein oder andere Schäfchen im sonntäglichen Gottesdienst aus der Kollekte bedient, davon Zigaretten kauft und das Ganze mit kollektivem Rauchen begründet. Denn wie lautet ein bayerisch-katholisches Lebensgefühl?

Sündigen – Genießen – Wegbeichten!

Klingt nach einem Werbespruch eines Beichtstuhlherstellers, ist aber ein Lebensmotto. «Das Wegbeichten haben wir den anderen voraus!», so Pfarrer Schießler. Einem Seitensprung stehen am Ende vielleicht fünfzehn «Gegrüßet seist du, Maria» gegenüber. Gibt es bei Gebet und Seitensprung eine Namensgleichheit, macht die Buße noch mehr Spaß.

Sündigen: Darunter versteht der Bayer zum Beispiel einen zu hohen Fleisch- oder Alkoholkonsum während der Fastenzeit, ein außerhäusiges Übernachten in fremden Betten oder ein kleines unmoralisches Geschäft zum Nachteil eines anderen.

Genießen: Wenn der Bayer sündigt, dann will er das auch voll und ganz genießen. Die Sünde sollte auch so verlockend sein, dass sich der ganze Aufwand vor und nach derselbigen rentiert.

Wegbeichten: Der Bayer ist im tiefsten Inneren ein hochanständiger Mensch. Deshalb plagt ihn natürlich im Nachhinein das schlechte Gewissen. Um dieses zu reinigen, hat man die Institution katholische Kirche geschaffen.

....

3 Bonbons

Jesus sagte: «Wem ihr die Sünden vergebt, dem sind sie vergeben!»[4]

Das Seelenheil beziehungsweise das Gewissen liegt somit in den Händen der Geistlichkeit. Deshalb genießt der Dorfpfarrer oft noch größeres Ansehen als der Dorfarzt.

Zugegeben, wir leben schon lange nicht mehr nach diesem Motto – oder halt nicht vollständig. Wir sündigen und genießen gerne, allerdings sind unsere letzten Beichten 15 beziehungsweise 25 Jahre her. Damals standen wir kurz vor dem heiligen Sakrament der Firmung. Egal, wie befleckt man war, jeder war gezwungen, Beichte abzulegen. So haben wir uns mit lauter Nervosität im Beichtstuhl schnell irgendwelche Sünden herbeigeschwindelt – also nüchtern betrachtet im Beichtstuhl im Auftrag der Kirche gesündigt.

In Bayern glaubt man auch farbenfroher und traditionsreicher. Nimmt man den Festtag Fronleichnam: In den meisten deutschen Pfarreien prozessiert man einfach durch die Gemeinde vor sich hin. Im oberbayerischen Seehausen am Staffelsee findet die Fronleichnamsprozession jedes Jahr auf dem See statt. Die hohe Geistlichkeit fährt zusammen mit den Gläubigen in Dutzenden Booten über den See zur Insel Wörth. Sollte jemand während der Überfahrt von Bord gehen, kann er gleich sein Taufbekenntnis erneuern. Musikalisch wird das ganze Spektakel von einer großen Blaskapelle begleitet. Ähnlich groß aufgezogen sind Fußwallfahrten nach Altötting, die bayerisch-katholische Antwort auf die Tour-de-France, nur ohne gelbes Trikot und Preisgeld. Auch sehr virtuos sind Leonhardifahrten. Die Kirche als Event schafft es hin und wieder, die traditionsliebenden Bayern über die

....

4 Joh. 20,23

Kirchenschwelle zu tragen, aber halt auch nicht immer. Deswegen predigen wir schon seit Jahren auf der Bühne: Die Kirche braucht mehr Eventcharakter. Wie wäre es mit einer Verlosung des Klingelbeutels unter allen, die nach der Predigt noch wach sind?

Pragmatisch betrachtet, trägt die katholische Kirche auch ihren Anteil am Zuzug nach Bayern bei. In keinem anderen Bundesland gibt es so viele Feiertage wie im Freistaat. 14 an der Zahl, und die meisten sind katholischen Ursprungs. Es wird zwar niemand bei seiner Anmeldung im Einwohnermeldeamt nach dem Grund seines Zuzugs befragt, aber die Feiertage haben bestimmt ihr Übriges getan. Wer postet nicht gerne am 15. August, dem Fest Mariä Himmelfahrt, ein Selfie vom Badesee mit dem #lovemycatholicfriends #thankyouvatican.

Der Bayer
und seine Protestanten

2,3 Millionen Bayern sind Protestanten und überwiegend im Fränkischen zu Hause. Bis sich der Protestantismus allerdings in Bayern etabliert hat, war es ein langer und blutiger Weg. Grundsätzlich hatten die Bayern überhaupt nichts gegen die Reformation Luthers. Im Gegenteil, die katholische Kirche war zum damaligen Zeitpunkt in einem ähnlich schlechten Zustand wie heute. Hinter den Klostermauern lebte man fernab der eisern gepredigten Frömmigkeit, die Priester konnten zum Teil nicht mal richtig lesen und schreiben und vernachlässigten ihr hochwürdiges Amt. Kein Wunder, dass man da seine Zweifel an der katholischen Kirche hat. Wenn sich Martin Luther nur auf die Missstände der katholischen Kirche beschränkt hätte, wären ihm die Bayern zu Füßen gelegen, aber nein, typisch Preuße, er musste ans Eingemachte gehen und die Glaubenssätze anprangern.

Außerdem hatte zu Luthers Zeit der Adel in Bayern das Sagen, und zwischen Adel und Fußvolk besteht schon immer eine Hassliebe. Der katholische Glaube war seinerzeit auch Mittel zum Zweck und verhalf mit seiner Glaubenslehre, eine gewisse Ordnung im Volk zu erhalten. Diese drohte natürlich durch Luthers Aufruf zur Freiheit und Eigenverantwortung ins Wanken zu geraten. In Restdeutschland war das auch schon deutlich sichtbar; das Volk und allen voran die Bauern sympathisierten mit Martin Luther, stellten plötzlich Forderungen gegenüber der Obrigkeit und lehnten sich dagegen auf. Aufständische Bauern aus dem Allgäu entwickelten scheinbar Muttergefühle und rückten immer näher an Altbayern heran, um ihre dortigen Brüder zu bekehren, und hofften auf ihre Unterstützung. Aber stur wie der Bayer halt ist, kam es anders als gedacht: Am hohen Peißenberg stellte sich 1525 eine schlecht bewaffnete bayerische Gruppe – sie merken, bei großen Problemen sind wir meist schlecht bewaffnet – mit landwirtschaftlichem Hintergrund einem 1000 Mann starken Bauernheer aus dem Allgäu entgegen und schwor ihrem katholischen Landesherrn die Treue. Enttäuscht rückten diese ab, und der Schwur ging als *Schwur am Peißenberg* in die bayerische Geschichte ein. Jetzt denken Sie bestimmt: Das ist ja wieder eine typisch bayerische Aktion. Patriotismus par excellence. Zur Verteidigung muss man aber sagen, dass die damaligen bayerischen Bauern eine etwas bessere soziale Position hatten und deren Aufstandsgelüste viel härter niedergestreckt wurden als anderorts. In Bayern wurde mit einer solchen Härte geköpft, verbrannt, gekerkert und geviertelt, dass es 1530 praktisch keine Protestanten mehr gab. Zumindest an der Oberfläche. Verdeckt brodelte es natürlich weiter. Zumindest bis 1555, dann wurde der Protestantismus als zweite christliche Religion im *Augsburger Religionsfrieden* anerkannt. Plötzlich waren tief niederbayerische Provinzen, die sogar die Einheimischen für katholisch bis ins Knochenmark halten, protestantisch. Ortenburg oder Straubing zum Beispiel.

Doch so richtig bayerisch ist der Protestantismus bis heute nicht. Warum? «Der Bayer besitzt Phantasie, weshalb der entzauberte Protestantismus in der Minderzahl ist.»[1] Außerdem herrscht tief in Bayern eine große Sehnsucht nach Ordnung,

1 So begründet sich das Pfarrer Schießler.

ja, man könnte schon fast sagen Spießigkeit. Für jede Regel gibt es eine Ausnahme, aber die Ausnahme bestimmen wir. Warum sollte man plötzlich etwas hinterfragen, was seit Jahrhunderten gut funktioniert hat? Es ist immer leichter, wenn mir einer sagt, was ich zu glauben habe. Und das hat keinesfalls etwas mit Dummheit zu tun; der Bayer ist einfach vorsichtiger und hat eine gewisse Achtung vor der Obrigkeit. Der Preuße ist da umtriebiger.

Bekenntnisschulen trugen natürlich auch einen Großteil dazu bei, dass die Protestanten etwas Besonderes blieben. Bis in die frühen 50er Jahre wurde am Pausenhof ein Gespräch zwischen katholischen Kindern und den «Ketzern» unterbunden. Ein Protestant kam in jener Zeit auf drei Katholiken, in Teilen des Allgäus sogar einer auf 3000.

110 Aber auch in unserer Schulzeit – und die ist jetzt noch nicht so lange her – waren Mitschüler, die nicht am katholischen Religionsunterricht teilnahmen, etwas Besonderes; die sogenannten Ethikkinder, bei denen keiner so genau wusste, was die eigentlich machten. Deren Unterrichtszeiten waren sogar in den Nachmittag gelegt. Schon alleine deswegen war man froh, katholisch zu sein. Aber was ging denn

—————— *Fun fact* ——————
Wenn man bei Google das Wort «Bayern» eingibt, kommt erst die Spieltabelle des FC Bayern, dann die Webseite des FC Bayern und danach erst der Wikipedia-Artikel über den Freistaat. Das ist ein ziemlich guter Indikator für den Stellenwert des Fußballs in der bayerischen Gesellschaft.

da vonstatten? Wurde gemalt? Gekocht? Oder gar Fußball gespielt?

Der bayerische Glaube geht weit über das Kirchenschiff hinaus. Der Bayer glaubt an viele Dinge: an die unendlichen Futterbestände im Raiffeisen-Lagerhaus, das Ehrenamt und natürlich an den Fußball. Den ewig leuchtenden Stern des Südens FC Bayern München, den unerbittlichen Kämpfer 1860 München und den stetigen Wechsel zwischen erster und zweiter Bundesliga des 1. FC Nürnberg.

Der Bayer
und seine Monarchen

Ludwig I.

Wenn Sie durch Bayern fahren und sich beim ein oder anderen Gebäude denken: «Das haben die Bayern bestimmt im Rahmen der Finanzkrise zur Schuldentilgung den Griechen abgekauft!», müssen wir Sie leider enttäuschen. Die stehen schon immer da, zumindest seit Ludwig I. Wie bereits im Nachwort erwähnt, hatte dieser einen großen Griechenland-Fetisch, welcher in der Krönung seines Sohnes Otto zum ersten König Griechenlands gipfelte. Otto half Griechenland bei der Befreiung von den Türken und durfte anschließend 30 Jahre über einen kleinen Teil des heutigen Staatsgebiets regieren. Wenn Sie einmal die bayerische Flagge neben die griechische legen, suchen sie mal nach der Gemeinsamkeit. Dürfte Ihnen relativ schnell klarwerden. Zugegeben: 30 Jahre ist eine überschaubare Zeit, aber immerhin hatten die Bayern einen König in Griechenland. Die Bauten König Ludwigs I. sollten sich als haltbarer erweisen. Vor allem mit der Landeshauptstadt hatte er Großes vor: «Ich will aus München eine Stadt machen, die Teutschland so zu Ehren gereicht, dass niemand sagen kann, er kenne Teutschland, wenn er München nicht gesehen hat!»[1] Mit der Bavaria, die jedes Jahr über dem Oktoberfest wacht, dem Königsplatz,

1 Aus dem Buch: «Ludwig I., König von Bayern», Karl Theodor von Heigel, Vero Verlag, 2016

dem Siegestor, der Feldherrnhalle und der nach ihm benannten Ludwigstraße gestaltete er sich ein «Isar-Athen». Jenseits der Stadtmauer erschuf er die Befreiungshalle im niederbayerischen Kelheim und die Walhalla bei Regensburg. Überall ein Hauch von Griechenland made by Ludwig I. Hin und wieder verließ er seine Linie, flirtete mit der italienischen Architektur und errichtete im unterfränkischen Aschaffenburg das Pompejanum.

Für Gscheidhaferl

König Ludwig I. war sehr katholisch, und obwohl seine Mutter protestantisch war und er mit Prinzessin Therese von Sachsen-Hildburghausen eine Protestantin geheiratet hatte, war bei der Eröffnung der Walhalla[2] 1842 erst einmal kein Platz für die Marmorbüste von Martin Luther. Erst nach einem «Shitstorm» u. a. durch den Dichter Hoffmann von Fallersleben[3] ließ König Ludwig die Büste Luthers mit fünfjähriger Verspätung und ohne Festakt aufstellen.

Kein Wunder also, dass sich die Griechen in Bayern sauwohl fühlen und fast jedes Kuhdorf einen Souvlaki-Tempel besitzt. Beim Thema Kunst und Architektur war Ludwig I. an Großzügigkeit nicht zu überbieten. Sein teuerstes Bauprojekt war

2 Gedenkstätte bei Regensburg, in der mit Marmorbüsten und Gedenktafeln bedeutende deutsche Persönlichkeiten geehrt werden

3 Deutsche Nationalhymne und «Alle Vöglein sind schon da»

Fun fact

Die Ruhmeshalle an der Bavaria-Statue wurde 2006 von der Kunststudentin Aneta Steck für die eigene Diplomarbeit benutzt. Sie störte sich wohl daran, dass es unter die circa 100 Büsten bisher nur zwei Frauen geschafft haben. Aus diesem Grund formte sie ihre eigene Büste aus Gips und stellte sie heimlich in der Ruhmeshalle auf. Erst als sie sieben Monate später öffentlich in einem Radiobeitrag über diese Aktion berichtete, flog das Ganze auf, und ihre Büste wurde entfernt. Da sieht man mal, wie viel Beachtung das Reinigungspersonal der Schlösserverwaltung den einzelnen Büsten schenkt.

der Neuaufbau der Landesfestung Ingolstadt, bei der er sogar «allerhöchstpersönlich» den Grundstein legte. Kein Geringerer als Leo von Klenze war damals für die Ästhetik der Festungsbauten zuständig. Wenn schon, denn schon. Ludwig baute aber nicht nur Festungen, sondern auch den Vorläufer des Rhein-Main-Donau-Kanals, den Ludwig-Donau-Main-Kanal, und einen Hafen am pfälzischen Rheinufer namens Ludwigshafen. Trotz all seiner erschaffenen Neubauten hatte er einen großen Sinn für den Denkmalschutz, welcher nachhaltig das Erscheinungsbild vieler mittelalterlicher Altstädte schützte. Privat war Ludwig I. allerdings alles andere als gönnerhaft. Wenn nach Festessen in der Residenz noch große Mengen an Brot übrig blieben, orderte er bei seinen Dienern für den nächsten Tag Brotsuppe, und auch seine schäbigen Kleider waren ein beliebtes Kaffeeklatschthema in der Bevölkerung. Mit großer Wahrscheinlichkeit hat der König aber die ganzen Lästereien um seine Person gar nicht mitbekommen, denn er war von Geburt an schwerhörig und stotterte.

Apropos Sprachfehler, die wenigsten bayerischen Schüler wissen wahrscheinlich, dass sie dank ihm in die Schule gehen müssen. Er machte nämlich die Schulpflicht für bayerische Kinder endgültig zur Pflicht und führte nebenbei die Pressefreiheit ein. Gut … und nahm das wieder zurück, denn kurz darauf störte er sich an ihr.

Obwohl König Ludwig eher ein Freund der Handwerker und Bauern war, stellte er sich nie der Industrialisierung in Bayern in den Weg. Im Gegenteil, trotz anfänglicher Zweifel an der Eisenbahn – wegen des Lärms und der erschreckenden Geschwindigkeit – spendete er der Eisenbahnstrecke Lindau-Hof seinen Namen «Ludwig-Süd-Nord-Bahn». Mehr noch als das Bauen liebte König Ludwig I. allerdings die Fleischeslust. 1810 heiratete er die Prinzessin Therese von Sachsen-Hildburghausen.

Aber Therese war nur eine von vielen. Das bekannteste *Gschpusi*[4], welches den König sogar zu Fall brachte, war die

Der Bayer und seine Monarchen

Fun fact

Die Hochzeitsfeier von König Ludwig I. und Prinzessin Therese von Sachsen-Hildburghausen war ein großes Volksfest, welches bis heute jährlich auf der nach der Braut benannten Theresienwiese stattfindet – besser bekannt als Oktoberfest.

---

4 Geliebte

irische Tänzerin Lola Montez. Sie verdrehte Ludwig so sehr den Kopf, dass er sie sogar in den Adelsstand erhob. Gräfin Marie von Landsfeld – wie man sie von nun an zu nennen hatte – polarisierte im ganzen Königreich. Kein Wunder, stolzierte sie doch genüsslich rauchend mit ihrer Dogge durch München und verstieß damit in aller Öffentlichkeit gegen das von ihrem Geliebten erlassene Rauchverbot. Ludwig war so blind vor Liebe, dass er Montez sogar den Theresien-Orden[5] verleihen wollte. Verständlich, dass seine Frau danach auf Abstand zu ihm ging.

Nach weiteren Unruhen, ausgelöst durch Montez, dankte der König zugunsten seines Sohnes Maximilian II. ab. Damit die Bevölkerung nicht den Eindruck bekäme, der Grund sei Gräfin Marie, schrieb er Wochen später: «Regieren konnte ich nicht mehr, und einen Unterschreiber abgeben wollte ich nicht. Nicht Sklave zu werden, wurde ich Freiherr.»

In seinem letzten Gedicht an Montez schrieb der leidenschaftliche Dichter allerdings: «Die Krone habe ich durch dich verloren, ich grolle aber dir darum doch nicht, die du zu meinem Unglück bist geboren, du warst ein ganz verblendend sengend Licht.»

Ludwig II.

Ohne den bayerischen Märchenkönig Ludwig II. könnte das Statistische Landesamt mit hoher Wahrscheinlichkeit nur die Hälfte an Übernachtungszahlen vorweisen. Und von die-

----

5 Der Theresien-Orden wurde als Damenorden von Therese von Bayern – der Gemahlin König Ludwigs I. – gestiftet. Er ermöglichte unvermögenden, adeligen, christlich und ehelich geborenen Damen, die unverheiratet geblieben waren, eine Rente und somit ein standesgemäßes Leben.

sen Übernachtungsgästen würden wahrscheinlich 90 Prozent das Oktoberfest besuchen oder aufgrund eines nicht enden wollenden Staus an den Grenzübergängen zu Österreich eine Nacht in einer Pension verbringen. Gut, das klingt jetzt vielleicht etwas übertrieben, denn Bayern hat weitaus mehr als nur Königsschlösser zu bieten, aber ohne König Ludwig II. wäre Bayern nicht Bayern. Der Verband der Königstreuen wird uns darin huldvoll bestätigen. Aber nicht, weil Ludwig ein so begabtes Staatsoberhaupt war und mit seiner Art des Regierens die bayerische Politik nachhaltig prägte, nein, im Gegenteil! Die Politik überließ er in seinen letzten Jahren lieber seinen Ministern, denn er hatte mit sich selbst genug zu tun. Nach dem Tod seines Vaters – König Max II. – schrieb er im jugendlichen Alter von 18 Jahren quer über sein Tagebuch: König! Sein Vater hätte wohl lieber seinen Bruder Otto auf dem Thron gesehen, denn mit Ludwig konnte er nicht viel anfangen. Seiner Meinung nach fehlten seinem Ältesten die nötigen Qualitäten für dieses Amt. Ein typisches Vater-Sohn-Verhältnis halt. Zudem störte Max sich wohl auch an der «verzauberten» Art seines Erstgeborenen, denn wie man heute weiß, war Ludwig II. homosexuell. Zeitlebens hasste er das Tragen von Uniformen und kleidete sich lieber in schillernde Kostüme. Der Märchenkönig war sozusagen die erste

— *Fun fact* —

Ludwig hatte einen deftigen Humor. So verlieh er seinen Dienern gern mal das «Siegel der Dummheit» oder versteckte sich hinter einem Paravent, wenn Besuch kam.

Transe seit Beginn der Wetteraufzeichnung. Anfangs wurde er von seinen Untertanen und dem Volk verehrt, denn er war jung, von einer unglaublichen Schönheit und maß immerhin stolze 1,90 Meter. Doch auch einem König bleibt die ewige Schönheit verwehrt. Er liebte das Essen, vor allem die Süßigkeiten, und so wurde er im Laufe der Jahre immer dicker, blasser und hatte ein so schlechtes Gebiss, dass er – um seine fehlenden Schneidezähne zu verbergen – oft nur mit zusammengepressten Lippen sprach. Er wurde zum Gespött seiner Angestellten, die den Decknamen «Herr Huber» benutzten, um über ihn zu lästern. Betrachtet man Ludwigs Lebensstil, ist es auch kein Wunder; er lebte wie ein Rockstar und genoss im Übermaß alle Vorzüge eines königlichen Lebens. Wenn sein Volk zu arbeiten begann, ging er erst zu Bett. Zu frühstücken geruhte er am Abend und dinierte in der Nacht, weshalb sein gesamter Hofstaat regelmäßig Nachtschichten einlegen musste. Seine Nachtaktivität brachte ihm auch den Namen «Mondkönig» ein. Liebend gerne unternahm er nächtliche Ausritte und Schlittenfahrten, bei denen sich seine Untertanen natürlich seiner Phantasiewelt passend zu kleiden hatten. Beliebtestes Ziel war die Venusgrotte auf Schloss Linderhof, durch die der König wie in Trance auf einem Muschelfahrzeug hindurchschwebte, vorbei an bunt schimmernden Wellen, Schwänen, Rosen und Riffen. Dass im Hintergrund mehrere Mitarbeiter dafür verantwortlich waren, das Wasser auf 20 Grad zu halten und die farbige Beleuchtung zu kontrollieren, konnte Ludwig lächelnd ausblenden.

Für Gscheidhaferl

Um die wechselnden Lichtstimmungen in der Venusgrotte zu erzeugen, entstand dort das erste bayerische Elektrizitätswerk und das erste fest installierte Kraftwerk der Welt.

Die Leidenschaft für das Bauen hatte Ludwig II. von seinem Opa König Ludwig I. geerbt, der ihm einst zu Weihnachten das Siegestor aus Holzbausteinen geschenkt hatte. Doch im Gegensatz zu seinem Großvater faszinierte ihn nicht die griechische Architektur, sondern die Schlösser und Burgen des Mittelalters. Erst errichtete er sie in seiner ausgeprägten Phantasiewelt, anschließend setzte er sie in die Realität um. Entstanden sind Linderhof, Herrenchiemsee, das schlichte Königshaus Schachen im Wettersteingebirge und das berühmteste Schloss, Neuschwanstein. Entsprachen die Bauten nicht ganz genau Ludwigs Vorstellungen, ließ er die Fassade wieder einreißen. Von einem Größenwahn besonderen Ausmaßes zeugt wohl der Spiegelsaal in Herrenchiemsee; nicht nur eine Kopie des Spiegelsaals in Versailles, sondern sogar etwas größer als das Vorbild.

Ludwigs Schlösserfaszination wurde wohl nicht unerheblich durch Richard Wagner befeuert. Mit 15 Jahren hatte Wagners «Lohengrin» ihn zu Tränen gerührt, und er hatte begonnen, den Komponisten fast krankhaft zu verehren. Kurz nach seiner Thronbesteigung holte er Wagner zu sich nach München. Ludwig war erstaunt, dass jemand, der solch wundervolle Opern komponierte, in Wirklichkeit doch so hässlich war. Doch das hielt den König nicht davon ab, Wagner von seinen Geldsorgen zu befreien, «[...] damit Sie im reinen Äther Ihrer wonnevollen Künste die mächtigen Schwingen Ihres Genius ungestört entfalten können». Der König war blind vor Liebe. In einem Brief an «den Gott meines Lebens» schrieb er: «Ich liebe kein Weib, keine Eltern, keinen Bruder, keinen Verwandten, niemanden innig von Herzen, aber Sie!» Richard Wagner nutzte das schamlos aus und hielt es auch nicht für nötig, daraus ein Geheimnis zu machen. In aller Öffentlichkeit lebte er auf Kosten des Königs in Saus und Braus. Lange sollte es nicht dauern, bis das Volk seinem Unmut über den königlich-bayerischen Schnorrer Luft machte. Ludwig hatte keine andere Wahl und musste Wagner der Stadt verweisen. Nach Wagners Tod in Venedig im Jahr 1883 beanspruchte der König die Leiche für sich und ordnete per königlichem Beschluss an, dass bei der Beisetzung nur der königliche Kranz den Sarg schmücken durfte; alle anderen Trauergestecke wurden in die zweite Reihe verbannt. Ludwig selbst blieb der Trauerfeier allerdings fern.

Körperliche Zuneigung verspürte der Märchenkönig gegenüber seinem Stallmeister Richard Hornig, mit dem er sich hin und wieder in einsame Berghütten zurückzog. Einen kurzen Moment der Erleichterung dürfte es im Volk gegeben haben, als die Verlobung mit Prinzessin Sophie – der jüngeren Schwester von Kaiserin Sisi – bekannt gegeben wurde.

Allerdings verschob Ludwig die Hochzeit erst und löste die Verlobung anschließend ganz auf. In München schwand die Sympathie für den König immer mehr; zum einen fiel er mit einem äußerst lächerlich wirkenden Gang auf, den er persönlich jedoch für besonders königlich hielt. «Weitausschreitend warf er seine langen Beine, als ob er sie von sich schleudern wollte, und trat dann mit dem Vorderfuß auf, als wolle er mit jedem Schritt einen Skorpion zermalmen. Dabei streckte er den Kopf ruckweise seitwärts und senkte ihn dann automatenhaft auf die Erde herab.»[6] Zum anderen hielt er sich nur sehr selten in der Landeshauptstadt auf, sondern flüchtete sich immer öfter in seine Schlösser, wo er so leben konnte, wie es ihm beliebte, und sich auch ungestört seiner zweiten Leidenschaft, der Fotografie, hingeben konnte. Der Volkskundler Wolfgang Till sagt sogar, König Ludwig habe das Passfoto erfunden, weil er seine Angestellten nach optischen Gesichtspunkten auswählte.

Sein Bauwahn riss ein solches Loch in sein Privatvermögen, dass er für 5,2 Millionen Mark 1870 Bismarcks *Kaiserbrief*[7] unterzeichnen musste und somit die bayerische Souveränität verlor.

In Ludwig herrschte eine unfassbare Zerrissenheit. Obwohl er immer ein absolutistischer Herrscher sein wollte, suchte er ein Leben lang die Einsamkeit; deshalb wurden in seinen Schlössern auch nie große Feste wie in Versailles gefeiert. Wenn Ludwig wüsste, dass heute der Pöbel in seinen Schlössern ein und aus geht, würde er sich im Grabe umdrehen, «weil der Blick des Volkes sie entweihen, besudeln

6 Gottfried von Böhm, um 1867
7 Übertragung der Kaiserwürde an den preußischen König Wilhelm I. im deutschen Kaiserreich

würde».[8] Er mied zum Teil sogar die eigenen Bediensteten; deshalb bestand er in Neuschwanstein auf einen im Boden versenkbaren Tisch, dem sogenannten Tischlein-deck-dich, bei dem der Esstisch im Untergeschoss gedeckt und mithilfe einer Seilwinde nach oben gezogen wurde. Da dies aber eine halbe Stunde dauerte, war sein Essen meist kalt. So konnte er aber ungestört mit seinen Gästen, Sonnenkönig Ludwig XIV. und Wolfgang Amadeus Mozart plaudern – beide zu diesem Zeitpunkt natürlich schon viele Jahre tot. Die Flucht in seine eigene Welt gipfelte in dem Wunsch, sich ein eigenes Staatsgebiet kaufen zu wollen. Angedacht waren Costa Rica, Venezuela, Afghanistan, die Pazifikinsel Samoa – und sogar Mallorca stand auf der Liste, war ihm aber dann doch zu teuer. Die spanische Trauminsel wurde jedoch noch früh genug von Oberbayern erobert. 1885 hatte Ludwig circa 14 Millionen Mark Schulden angehäuft, ihm drohten Prozesse, die Minister verlangten den Baustopp seiner Schlösser. Wenig später wurde seine Hoheit, ohne genauer untersucht worden zu sein, von einem Psychiater als geistesgestört erklärt. Es folgte seine Entmündigung und die sofortige Unterbringung auf Schloss Berg am Starnberger See, in dem er bereits einen Tag später zusammen mit seinem Psychiater am 13. Juni 1886 tot aufgefunden wurde. Selbstmord?

Der Fluch von Neuschwanstein?

Bereits sieben Wochen nach seinem Tod wurde Schloss Neuschwanstein für die Öffentlichkeit geöffnet. Seitdem gab es mehrere Unglücke und Todesfälle mit ungeklärter Ursache. Ein Steinmetz lag zerschmettert in der Schlucht, Arbeiter fielen vom Dach, der Schlossverwalter wurde vom Baum erschlagen, einer kam bei einem Felsrutsch ums Leben. Es

8 aus der Zeitschrift für bayerische Landesgeschichte, Beck, 2011

gab auch mysteriöse Selbstmorde: Der neue Schlossverwalter erschoss sich, und verzweifelte Menschen stürzten sich von der Marienbrücke. All diese Geschehnisse geben natürlich reichlich Futter, um über einen Fluch des Märchenschlosses zu spekulieren. Jeder missglückte Kletterversuch im alpinen Gelände rund um Neuschwanstein spielt Verschwörungstheoretikern zusätzlich in die Karten.

Franz Josef Strauß

Für viele ist er heute noch der personifizierte männliche Urbayer, für Egon Bahr von der SPD war er ein «Kraftwerk mit den Sicherungen eines Kuhstalls» und für uns Bayern wahrscheinlich einer der Gründe, warum uns die Welt so gerne in den Trachtenjanker steckt.

Franz Josef Strauß entwickelte sich vom einfachen Metzgersohn zum bayerischen Mythos. Er war Einser-Abiturient, Altphilologe, Politiker, Philosoph und hing lange Zeit als Poster über dem Bett von Ministerpräsident Markus Söder. Selbst bei heutigen politischen Entscheidungen innerhalb der CSU fragen sich einige: «Wie hätte er das Problem gelöst?»

Der politischen Karriere Franz Josef Strauß' stand nichts mehr im Weg, als er nach dem Zweiten Weltkrieg als «unbelastet» eingestuft wurde und 1949 als jüngster Abgeordneter in den deutschen Bundestag einzog. Über die Jahre war er unter anderem Bundesminister für besondere Aufgaben, Atomfragen, Verteidigung und zuletzt für Finanzen. Seine bayerische Heimat, in der er bis heute fast wie ein König verehrt wird, war ihm immer zu klein. Die Arbeit im Landesparlament fasste er einmal ziemlich spöttisch mit den Worten: «*O'g'setzt, hi'g'setzt, abg'hetzt, umg'setzt, auseinanderg'setzt, g'schwätzt, nix g'sagt, Sitzung neu ang'setzt. Vui san zammakumma, nix is rauskumma, Sitzung umma*»[9] zusammen. Deshalb strebte er stets nach der ganz großen politischen Bühne. Egal ob US-Präsident Reagan, Bush oder Kreml-Chef Gorbatschow – irgendeinen Grund fand Strauß immer, um sich in der Welt wichtigzumachen. Spiegel-Affäre, Fibag-Affäre und nicht zu vergessen seine ganzen außerehelichen Affären. Man könnte fast behaupten, Franz Josef Strauß habe das Wort «Affäre» in der deutschen Politik erst salonfähig gemacht. Als seine bundespolitische Karriere unter Willy Brandt 1969 ein Ende nahm und Bonn erleichtert aufatmete, hatte man sich zu früh gefreut. Der unverwüstliche Strauß stand 1980 erneut auf der Matte, diesmal als Kandidat für das Kanzleramt, wenn auch vergeblich. Er scheiterte gegen den amtierenden Helmut Schmidt, über den er nur meinte: «Schmidt ist der bessere Schauspieler! Ich bin der bessere Politiker!»

Immer wieder befeuerten seine philosophisch-kreativen Angriffe die deutsche Politik. So bezeichnete er Helmut Kohl einst als *deutsche Eiche mit Klappscharnier* und die FDP als *einen Schwanz, der gleichzeitig mit zwei Hunden wackelt.*[10] Sie merken es schon, dieser Mann nahm kein Blatt vor den Mund, der «Neuen Osnabrücker Zeitung» sagte er sogar: «Ich will lieber ein kalter Krieger sein als ein warmer Bruder!» und 1969 über Literaturnobelpreisträger Günter Grass: «Dem ist die bayerische Volksseele so unbekannt, dass er am besten zu Hause bleibt. Der hält alle Bayern mehr oder weniger für Analphabeten, dieser auf dem Pegasus dahertrabende deutsche Oberdichter.»

....

9 «Angesetzt, hingesetzt, abgehetzt, umgesetzt, auseinandergesetzt, geschwätzt, nichts gesagt, Sitzung neu angesetzt. Viele sind zusammengekommen, nichts ist rausgekommen, Sitzung zu Ende.»
10 1977 in der ZEIT

Aber sein größter Feind waren die Sozialdemokraten. Im Zuge der Bundestagswahl 1983 sagte er über die SPD: «Was passiert, wenn in der Sahara der Sozialismus eingeführt wird? Zehn Jahre überhaupt nichts und dann wird der Sand knapp!» Eines muss man ihm lassen – mit ihm hatten Wahlkämpfe noch Unterhaltungswert.

Sein Ansehen in Bayern begann sich jedoch zu trüben, als er ausgerechnet während seiner Zeit als bayerischer Landesvater 1980 das oberpfälzische Wackersdorf als Standort für eine Wiederaufbereitungsanlage vorschlug und versprach, das Projekt aufgrund der «industriegewohnten Bevölkerung» rasch und ungestört realisieren zu können. Nach jahrelangen Protesten mit Unterstützung aus aller Welt schafften es die Wackersdorfer 1989, die Wiederaufbereitungsanlage zu verhindern. Man bedenke, dass bis dahin bereits 10 Milliarden DM in den Bau investiert worden waren.

Mit dem Begriff «Amigo-Affäre» wurde zwar erst der Korruptionsskandal um Ministerpräsident Max Streibl im Jahr 1993 tituliert, aber dieser hatte ja vom Besten gelernt. Zumindest äußerte er sich bei seiner Amtsniederlegung mit den Worten: «Wenn ich bedenke, wie die es getrieben haben und weswegen ich zurückgetreten bin – das waren daran gemessen wirklich nur Lappalien.» Na ja, gewusst wie.

Franz Josef Strauß verstand es, alle Vorzüge seines Amtes auszukosten, denn einen Großteil seiner Amtszeit verbrachte er damit, seinen Freundeskreis zu pflegen. Gemäß dem Prinzip *Eine Hand wäscht die andere* tat er seinen Amigos etliche Gefallen und ließ sich – Stichwort Vorteilsannahmen[11] – da-

11 Heißt man nicht Franz Josef Strauß, so wird eine Vorteilsannahme nach deutschem Rechtssystem übrigens mit Geldstrafe oder Freiheitsstrafe von bis zu 5 Jahren geahndet.

für mit Privatjets, Fahrzeugflotten und Luxusurlauben ent-
lohnen. Die Alltagsgeschäfte erledigte übrigens damals Edmund Stoiber. Strauß kümmerte sich derweil um sein
Netzwerk und seine Einkünfte. Eine millionenschwere Provi-
sion – ebenfalls durch eine *Freinderlwirtschaft*[12] zustande gekommen – bescherte ihm beispielsweise die Vermittlung eines Milliardenkredits an die kurz vor dem Bankrott stehende
DDR. Aber Honecker wusste, auf wen er sich da einließ, denn
in der ehemaligen DDR war Strauß unter dem Spitznamen
Gröbaz – Größter Bazi[13] *aller Zeiten* bekannt. Dieser Deal war
lange Zeit streng geheim und bis ins kleinste Detail geplant
worden. So hatten sich beide Seiten Codenamen gegeben.
Sprach man im Strauß'schen Wohnzimmer über Schalck-Go-
lodkowski, den Devisenbringer der DDR, hieß es «der Ge-
sprächspartner», und die DDR nannte Franz Josef Strauß
fernab jeglichen Klischees «Bier», seine Frau Marianne «Sen-
nerin» und Sohn Max «Enzian». *Dahoam*[14] war man entsetzt,
war doch Strauß als «Kommunistenfresser» bekannt. Und
jetzt vermittelt er einen Milliardenkredit, schüttelt plötzlich
die Hand Erich Honeckers, die er einst als «blutig» bezeichnet
hatte? Bei der Wiederwahl zum Ministerpräsidenten erhielt
er mit 60 Prozent der Stimmen seine Quittung[15]. Erinnert ein
bisschen an den Schwur am Peißenberg.

Aber nun genug der Lästereien. Franz Josef Strauß hatte
auch Seiten, die Ihnen vielleicht bisher verborgen geblieben
sind: Er liebte den Radsport und war 1934 sogar süddeut-
scher Jugendmeister im Straßenrennen mit einer Länge von

....

12 Vetternwirtschaft
13 Schlawiner
14 Zu Hause
15 Bei seiner ersten Wahl zum bayerischen Ministerpräsidenten
  erhielt er 99 Prozent der Stimmen.

Obwohl Franz Josef Strauß' Vermögen auf eine dreistellige Millionenhöhe geschätzt wurde, war er selbst sehr *knickad*[16]. Seiner Lebensgefährtin, die er nach dem Unfalltod seiner Frau Marianne kennengelernt hatte, schenkte er zum Geburtstag ein Abonnement des CSU-Parteiorgans «Bayernkurier».

210 Kilometern. Auch im Alter von 55 Jahren und einem etwas überdurchschnittlichen Kampfgewicht beradelte er noch im oberbayerischen Andechs den Klosterberg.

Als er in seiner Zeit als Verteidigungsminister eine junge Gebirgsdivision nahe dem französischen Lourdes besuchte, fragte er die Gruppe: *Buam, wia gehts euch?*[17]. Als zur Antwort kam: *Uns gehts ausgezeichnet, Herr Verteidigungsminister, aber an Durst hama bei dieser Hitz'n!*, fungierte er spontan als anonymer Spender einiger Kisten Bier.

Außerdem war Franz Josef Strauß ein begeisterter Pilot. 1968 erwarb er sich eine Lizenz für Propellerflugzeuge und 1985 dann sogar für Düsenflugzeuge. Diese private Leidenschaft trug er – wie eigentlich alles – in seine Politik. Er war bis zu seinem Tod als Aufsichtsratsvorsitzender von Airbus in Hamburg und Toulouse maßgeblich an der Erfolgsgeschichte des Unternehmens beteiligt. «Konservativ sein heißt an der Spitze des Fortschritts marschieren», war einer seiner prä-

16 knauserig
17 «Jungs, wie geht es euch?»

gendsten Sätze und führte Bayern von einem Agrarstaat zum aufstrebenden Industriestaat.

Alles, was nach Strauß kam, war dann eher – sagen wir: normal. Edmund Stoiber ging im Rahmen seiner Möglichkeiten allenfalls als rhetorisches Wunder in die Geschichte ein. Das einjährige evangelische Trauerspiel Günther Becksteins endete mit der Erkenntnis, dass ein richtiges Mannsbild auch nach zwei Maß Bier noch fahrtüchtig sei. Horst Seehofer nahm bei der Wahl zum Ministerpräsidenten deutsches Normalmaß an und beendete seine außerehelichen Eskapaden. Er mogelte sich aber wenigstens als einziger Ministerpräsident in Deutschland immer gerne öffentlich an den Verhandlungstisch der großen Koalition, denn Bayer sein heißt besonders sein. Der aktuell amtierende Ministerpräsident Markus Söder hat sein Straußposter abgenommen und gegen eines von sich selbst getauscht.

Der Bayer
und sein Oktoberfest

Ende September beginnt in Bayern eine dreiwöchige Zwischenjahreszeit namens Oktoberfest beziehungsweise *Wiesn*. Bestimmt haben Sie sich schon mal gefragt, warum es Oktoberfest heißt, aber hauptsächlich im September stattfindet. Nun, seinen Ursprung hatte die Wiesn im Oktober, genauer gesagt am 17. Oktober 1810, und war ein öffentliches Volksfest im Rahmen der Hochzeitsfeier von König Ludwig I. und Prinzessin Therese von Sachsen-Hildburghausen. Die Feierlichkeiten endeten mit einem Pferderennen auf der Theresienwiese, das erklärt auch deren ovale Form. Da sich dieses Fest aber einer solchen Beliebtheit erfreute, wiederholte man es jährlich, dehnte es aus und zog aufgrund der Münchner Wetterverhältnisse – vor dem Klimawandel konnte es in München bereits im Oktober zu schneien beginnen – irgendwann in den September.

Dieses Fest lockt jedes Jahr um die sechs Millionen Besucher in die Landeshauptstadt, 19 Prozent davon stammen aus dem Ausland. Vor allem das mittlere Wochenende gehört den Italienern. Und so gastfreundlich, wie die Bayern eben sind, verkünden viele Radioanstalten ihre Verkehrsmeldungen in der Zeit sogar auf Italienisch, und die deutsche Polizei patrouilliert zusammen mit den italienischen Carabinieri übers Festgelände. Außerdem fließen in der Zeit circa 7,5 Millionen Liter Festbier, werden 100 000 Paar Bratwürste und gut 120 Ochsen verspeist. Die beliebteste Speise scheint aber das halbe Hendl zu sein. Garniert mit einem Erfrischungstuch, mit dem chinesische Touristen auch mal unwissentlich die knusprige Haut des Hendls einbalsamieren und anschließend verspeisen. Besucher-Rekordjahr war übrigens 1985; damals feierten insgesamt 7,1 Millionen Menschen den 175. Geburtstag des Oktoberfestes. 12 000 Menschen arbeiten jedes Jahr auf der Wiesn, und für alle im Hintergrund Arbeitenden findet jedes Jahr in einem Festzelt ein *Wiesngottesdienst* statt. Ökumenisch versteht sich. Schausteller, Wirte und Marktleute können hier sogar ihre Kinder taufen, die Erstkommunion empfangen lassen oder auch das heilige Sakrament der Firmung. Sie sehen, in der gesamten Stadt herrscht ein dreiwöchiger Ausnahmezustand. Es kann schon einmal vorkommen, dass manche Mitarbeiter in Tracht zur Arbeit kommen, mittags auf die *Mittagswiesn*[1] verschwinden

und für den Rest des Tages nicht mehr gesehen werden. Sogar die Board-Crew der Lufthansa tauscht auf bestimmten Flügen den Hosenanzug gegen Tracht. Ach, und weil wir gerade von Kleidung sprechen: Sollten Sie sich aufgrund eines erhöhten Alkoholpegels der Kleidung entledigen, müssen Sie nicht völlig entblößt nach Hause gehen, das Rote Kreuz hält auch für solche Fälle Ersatzhosen aus Papier parat. Sie sehen, um Ihnen ein gelungenes Volksfest bieten zu können, helfen alle Bayern zusammen. Der ÖPNV passt sich ebenfalls an das Oktoberfest an; so koordiniert der U-Bahn-Ansager im tiefsten Bairisch: *Es san nur 60 Schritte vom Bahnsteig-Ende bis zur Bahnsteig-Mitte, wo ganz vui Blotz ist. Noch da dritten Mass sans dann 80 Schritte.* Sollten Sie das Oktoberfest schon einmal be-

---

1 Zur Mittagszeit finden Sie hier vergünstigte Preise (Mittagskarte). Außerdem haben Sie die größte Chance auf einen Tisch in einem Festzelt. In der Regel nur Montag bis Donnerstag.

sucht haben und sich auf dem Nachhauseweg gefragt haben, ob Ihr Alkoholpegel für die rasante Fahrt auf den U-Bahn-Rolltreppen verantwortlich ist, haben Sie nur so halb recht. Die Münchner Verkehrsgesellschaft lässt sie mit oder ohne Rausch in der Tat um 0,18 Meter pro Sekunde schneller laufen.

Am ersten Wiesn-Samstag ist es dann so weit: Der Münchner Oberbürgermeister zapft um Punkt 12 Uhr im ältesten Festzelt Schottenhamel mit den Worten «O'zapft is!» das erste Fass Festbier. Schon Wochen zuvor wird in der Presse diskutiert, wie viele Schläge der OB wohl brauchen wird, bis der Gerstensaft sprudelt, und ob es eine Schaumdusche geben wird. Die erste Maß geht dann traditionsgemäß an den Ministerpräsidenten. Der berühmte Satz «O'zapft is!» stammt übrigens vom Nachkriegsbürgermeister Thomas Wimmer, der angeblich beim Einzug der Festwirte seine Kutsche verpasst hatte und auf die von Wiesn-Wirt Michael Schottenhamel gestiegen war. Und der fragte ihn, ob er nicht gleich das erste Fass anzapfen möchte. Wimmer ließ sich nicht lange bitten und zapfte mit sage und schreibe 19 Schlägen – einem Negativrekord, den keiner seiner Nachfolger brechen konnte – an. Wohl etwas peinlich berührt, rief er die be-

Fun fact

Die ersten Glühlampen in der Schottenhamel-Festhalle schraubte 1886 kein Geringerer als Albert Einstein höchstpersönlich ein. Damals war er noch Lehrling in der Elektrofirma seines Vaters.

rühmten Worte und dachte sich wahrscheinlich insgeheim: *Gott sei Dank! So a Schindarei!*[2]

Man könnte meinen, diesen einfachen Satz könne sogar ein Preuße herausbringen, aber ausgerechnet ein CSU-Oberbürgermeister verwechselte 1978 die Vokale und schrie «I'zapft os!» in die Menge.

Ein Thema, das jedes Jahr die Gemüter erhitzt, ist der stetig steigende Bierpreis. Hierzu hätten wir eine kleine Rechenaufgabe für Sie. 1950 kostete die Maß Bier 1,60 DM, 2018 bereits 11,30 Euro. Um wie viel Prozent stieg der Bierpreis?[3]

Trotz des hohen Bierpreises kam es vor, dass es mancher Festwirt mit dem Eichstrich nicht so genau nahm und die ein oder andere Maß eher schlecht eingeschenkt war. Aus diesem Grund – und weil man wahrscheinlich wissen wollte, was sonst noch so drin schwimmt – tauschte man 1892 die traditionellen Tonkrüge gegen Glaskrüge. Zudem gründete sich sieben Jahre später der *Verein gegen betrügerisches Einschenken e. V.,* der es sich zur Aufgabe gemacht hat zu überprüfen, dass mindestens 15 Zentimeter Bier im Krug vorhanden sind – der Eichstrich steht bei 16,5 Zentimeter. Laut Verein bescheren 100 Milliliter zu wenig eingeschenktes Bier bei 6 Millionen verkauften Maß den Wirten einen zusätzlichen Gewinn von 4,5 Millionen Euro.

Wenn wir jetzt schon beim Festbier sind, lassen Sie uns ein paar Regeln zum richtigen Umgang mit der Maß erklären. Oberstes Gebot: Niemals exen! Es passiert immer wieder,

---

2 «Gott sei Dank! So ein hartes Stück Arbeit!»
3 Lösung: Dreisatz, für 1,60 DM berechnen wir 0,80 Euro = 1412,50 Prozent

dass sich Halbstarke auf die Biertische stellen und vor einem breiten Publikum eine Maß exen. Anschließend werden sie gefeiert wie ein Superstar. Aber zum einen ist es eine Unsitte und zum anderen wirklich verboten. In der Regel werden sie anschließend des Zeltes verwiesen und verlieren ihren gerade erworbenen Starstatus schneller als ein DSDS-Gewinner. Sollte anschließend neben der berauschenden Wirkung noch die treibende Kraft der Maß zum Vorschein kommen, unterlassen Sie das *Wildbieseln*[4]. Werden Sie dabei erwischt, droht sogar ein Ordnungsgeld zwischen 20 und 100 Euro. Aber zurück zur Maß. Schieben Sie bitte nicht die ganze Hand durch den Henkel und umgreifen den Krug; es könnte sein, dass Sie sich beim Zuprosten in einer Gruppe die Finger quetschen. Greifen Sie mit der Hand den Henkel. Sollte die Maß zu schwer sein, können Sie den kleinen Finger als Stütze verwenden. Legen Sie dazu den Daumen auf die Ober- und den kleinen Finger auf die Unterkante. Prost.

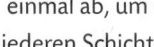

Für Gscheidhaferl

Das anschließende Absetzen nach dem Zuprosten stammt von anno dazumal. Als sich der Adel dazu herabließ und mit den Normalsterblichen prostete, setzten sie noch einmal ab, um nicht ganz auf gleicher Ebene mit der niederen Schicht zu stehen. Insofern ist es eher eine Missachtung des Gegenübers.

4 Urinieren in freier Wildbahn

Wer es etwas traditioneller und ruhiger haben möchte – und das verraten wir wirklich nur sehr ungern – besucht am besten die *Oide Wiesn*[5]. Was 2010 als einmaliges Event zum 200. Geburtstag des Oktoberfestes geplant war, ist heute gar nicht mehr wegzudenken. Sie befindet sich im hinteren Teil des Festgeländes und kostet 3 Euro Eintritt, alle vorhandenen Fahrgeschäfte allerdings nur 1 Euro. Hier will man dem Publikum einen Einblick in die Wiesn von damals gewähren und putzt 100-jährige Schätze und Fahrgeschäfte heraus. Alle vier Jahre muss die *Oide Wiesn* zugunsten des *Zentral-Landwirtschaftsfestes* pausieren, dem Mekka der Landwirte aus dem gesamten Freistaat, das nur ein Jahr jünger als das Oktoberfest ist, denn bereits 1811 wurde hier ein Nationalfest mit Pferderennen, Viehmarkt und Nutzviehprämierung durch Maximilian I., den Vater von König Ludwig I., veranstaltet.

Nach drei Wochen ist der Spuk wieder vorbei, und ganz München hofft auf ein gutes Immunsystem. In der Regel erkrankt nämlich gefühlt die ganze Stadt anschließend an der sogenannten Wiesngrippe. Das ist ganz logisch, denn in so einem Festzelt trifft eine große Anzahl von Menschen auf begrenztem Raum aufeinander, und das Klima ähnelt dem eines tropischen Regenwaldes. Durch den erhöhten Alkoholkonsum vergisst man gerne mal, dass es vor den Zelten *herbstelt*. Wenn Sie dann nach der letzten Runde um 22.30 Uhr durchgeschwitzt das Zelt verlassen und über das Wiesngelände torkeln, um noch eine letzte Fischsemmel zu ergattern, freuen sich die Viren über Ihren Leichtsinn. Deshalb unser Rat: Nehmen Sie sich für den abendlichen Heimweg eine Jacke mit, waschen Sie sich regelmäßig die Hände, merken Sie sich auf

....

5 Alte Wiesn

alle Fälle Ihren Maßkrug. Sollten Sie bei zu vielen Maßkrügen auf dem Tisch zu Kontrollverlust neigen, kennzeichnen Sie Ihren Krug mit einem *Maßkrugband*[6]. Zu Hause angekommen, gönnen Sie sich eine heiße Dusche und genügend Schlaf.

6 Bändchen in verschiedenen Farben und Formen für den Maßkrug. Können Sie kaufen oder aber auch gerne selber basteln.

Der Bayer
und sein Genuss

Sie haben mittlerweile bemerkt, dass sich die Altbayern, Schwaben und Franken zwar ein Bundesland teilen, die Gemeinsamkeiten jedoch relativ überschaubar sind. Was uns aber tatsächlich aufs tiefste verbindet, ist die unerschütterliche Liebe zu Speis und Trank. Egal wo Sie hinkommen, die Qualität der bayerischen Gastronomie ist zumeist hoch und die Bedienungen – wenn auch teils ruppig – im Inneren ihrer Herzen doch auch gastfreundlich.

Denkt man an Bayern, denkt man an Bier. Tatsächlich hat Bayern 642 Braustätten und damit die meisten der Republik. Fast jede zweite Brauerei liegt im Freistaat; keine andere Region der Welt hat auf diesem engen Raum eine ähnliche Dichte an Braustätten. Allerdings müssen wir Altbayern neidlos anerkennen, dass sich allein 25 Prozent aller bayerischen Brauereien in Oberfranken befinden, unserem kleinsten Regierungsbezirk. Wenn Sie bis hierher gelesen haben, konnten Sie schon so manches über die Bierliebe der Bayern erfahren, allein schon in unserer Abhandlung über den bayerischen Stammtisch. Eigentlich bringt es nur Gerhard Polt wirklich auf den Punkt, wenn er sagt: *The idea of Freibier in Bavaria is deeply religious.*[1] Das trifft aber nicht nur auf das Freibier[2] zu, sondern auf jegliches Bier, denn kritisieren Sie einem Bayern

....

1 Das Konzept von Freibier ist in Bayern tiefreligiös.
2 Bier, das kostenlos ausgeschenkt wird

gegenüber eine beliebte lokale Brauerei, kommt das einem persönlichen Angriff gleich. Der Bayer fühlt sich sogleich in seiner Kultur und seinem Dasein übelst missverstanden. Es kann gut sein, dass er Sie daraufhin einen *Noagalzutzla*[3] oder gar *Flaschlbutza*[4] heißt. Haben Sie für das Bier nichts bezahlen müssen, so liegt der Begriff *Freibierlädschn*[5] nahe. Arbeitet der Bayer gar für die hiesige Brauerei, so wird er Sie einen *Kaschperlkopf*[6] schimpfen und Ihnen einen langen Vortrag über ober- und untergäriges Bier und das Bayerische Reinheitsgebot von 1516 halten.

—————— *Fun fact* ——————
Vor dem Reinheitsgebot 1516 importierte der bayerische Adel sein Bier aus Sachsen, weil ihm das eigene nicht schmeckte.

Die bayerische Brautradition nach Reinheitsgebot ist seit 2015 sogar immaterielles Kulturerbe Bayerns und dadurch schon per se unangreifbar. Das Reinheitsgebot besagt, dass nur Gerste, Hopfen und Wasser Bestandteile des Bieres sein dürfen. Auf gut Bairisch auch *Hopfen und Malz, Gott erhalt's!*[7]

....

3 *Noagal* steht für den letzten kleinen Rest im Glas. *Zutzeln* bedeutet *saugen*. Ein *Noagalzutzler* war früher ein meist armer Mensch, der die stehengelassenen Bierreste im Wirtshaus zusammenschüttete, um nicht selbst (noch) etwas bestellen zu müssen. Heute nimmt man den Begriff meist für jemanden her, der sich aus Sparsamkeit ewig an seine Maß Bier klammert.

4 Flaschenputzer

5 Freibiergesicht

6 Kasper

7 Hopfen und Malz, Gott erhalte es!

Nur aus diesem Grund bleibt uns in München bislang ein Litschi-Ingwer-Helles und ein Gojibeeren-Chia-Weißbier erspart. Wie ernst den Bayern ihr Bier ist, erkennt man auch an der Bierrevolution von 1844, als die Erhöhung des Bierpreises um einen Pfennig genügte, um in Münchner Brauereien eine Spur der Verwüstung zu provozieren. Ja, die Liebe zum Bier ist groß. Schon Volkssänger Franzl Lang sang 1970 «I mecht gern an Biersee, so groß wia da Schliersee», und in jedem zweiten Wirtshaus finden Sie irgendwo den Spruch *Im Himmel gibt's kein Bier, drum trinken wir es hier.* Dennoch geht der Bierkonsum immer weiter zurück, noch um 1860 trank ein Münchner im Durchschnitt 535 Maß Bier im Jahr. Das sind fast 1,5 Liter Bier pro Person. Heute ist es weniger als die Hälfte. Peanuts!

Nun ein paar gut gemeinte Ratschläge: Wollen Sie in Bayern ein Bier bestellen, so sagen Sie niemals: «Bitte ein Bier!» Stattdessen bestellen Sie ein *Helles*, ein *Dunkles* oder ein *Weißbier*[8]. Wenn Sie ein Helles möchten, können Sie auch einfach *a Hoibe* oder *a Maß* bestellen, denn Bier gibt es in Bayern ausschließlich in der 1-Liter und 0,5-Liter-Einheit. Die gute alte *Preißnhalbe*[9] werden Sie nur schwer finden. Wer nur wenig Bier möchte, kann sich aber einen *Schnitt*[10] bestellen, das ist zwar eigentlich das letzte Bier vorm Heimgehen, einem Preißn wird aber eventuell auch verziehen, wenn er sich schon früher einen Schnitt bestellt, er weiß es halt nicht besser. Ein *Schnitt* ist ein Bier, das in das gerade gehaltene Glas gezapft wird, daher entsteht viel Schaum, letzten Endes entspricht ein Schnitt etwa 0,25 bis 0,35 Liter Bier. Also keine

....

8 Weizenbier
9 0,4 Liter
10 auch *Spruz*, *Pfiff* oder *Rammal* genannt

ganze *Hoibe*. Die *Hoibe* kann im Übrigen auch für andere Lebenssituationen, das Bier betreffend, verwendet werden.

– **Stehhoibe** = *ein Bier, das Sie in Ermangelung an Sitzgelegenheiten im Stehen zu sich nehmen*
– **Weghoibe** = *ein Bier, das Sie sich für unterwegs mitnehmen*
– **Presshoibe** = *ein Bier, das Sie aus Zeitmangel in großer Eile trinken müssen, also runterpressen*

Abgesehen davon gibt es auch eine Vielzahl an kreativen Biermischgetränken. In ganz Bayern, aber auch deutschlandweit üblich ist das *Radler*[11], eine Mischung aus Zitronenlimonade und Bier. In Oberbayern gibt es oft auch das *saure Radler*, hier mischt man das Bier mit Mineralwasser, praktisch der Americano der Biertrinker. Mischt man jetzt aber ein Weißbier mit Zitronenlimonade, ist es kein *Radler* mehr, sondern ein *Russ*. So weit noch recht gängige Begriffe, aber Vorsicht, jetzt wird es abenteuerlich, denn vor allem auf dem Land gibt es noch jede Menge anderer Mischungen:

– **Cola-Weizen oder Cola-Weiß:** *Hierfür wird Cola und Weißbier zu gleichen Teilen gemischt.*
– **Bananen-Weizen:** *Weißbier mit Bananensaft, etwa ⅔ Bier und ⅓ Saft. Als Variante gibt es auch das Maracuja-Weizen.*
– **Goaßmaß:** *1 Liter dunkles Bier oder Weißbier + 4 cl Kirschlikör*
– **Laterndlmaß:** *½ Liter Weißwein und ½ Liter Zitronenlimonade werden in einem Maßkrug vermischt. Nun wird ein volles Schnapsglas mit Kirschlikör vorsichtig in die Maß hinuntergelassen. Beim Trinken vermischt sich dann langsam der Inhalt des Schnapsglases mit dem Rest. Von außen ähnelt das Getränk jetzt einer Laterne.*

....

11 Alsterwasser

- *Schneemaß: Man nehme ¼ Liter Korn[12], dann 4–5 große Kugeln Vanilleeis. Nun das Ganze mit Zitronenlimonade auffüllen und umrühren, bis das Eis geschmolzen ist.*
- *Betonmaß: Man nehme ½ Liter Helles und fülle den Rest mit diversen Schnapssorten auf.*

Selbstverständlich kann man von allem jeweils auch nur *eine Hoibe* bestellen, und ob jemand nach einer Betonmaß je wieder aufgewacht ist, wissen auch wir nicht sicher. Gerade ungeübten Trinkern ist diese Variante also eher nicht zu empfehlen. Vorsicht geboten ist in Lokalen auf dem Land auch bei allen Getränken, die eine Mischung aus Hochprozentigem und Tabasco beinhalten. Diesen Brand können Sie dann nur noch mit einem *Eskimo*[13] löschen. Apropos Alkohol, das

Schild des Ortsteils *Löschenbrand* in der Nähe von Landshut ist für die Dekoration diverser Partykeller äußerst beliebt, daher wird es fast so oft geklaut wie das Schild des vier Kilometer entfernten Ortsteils *Hascherkeller*.

Sie sehen, was den Rausch in Bayern anbelangt, so stimmt alles, was Sie bisher darüber gehört haben. Nicht umsonst gibt es bayerische Weisheiten wie *Liaba an Bauch vom Saufa wia an Buckel vom Arbatn*[14] oder auch *Sauf ma, sterb'n ma. Sauf ma ned, sterb'n ma aa – oiso sauff ma!*[15]

Man könnte meinen, dass es in Städten aufgrund des reichen Angebots an öffentlichen Verkehrsmitteln leichter ist, sei-

12 also bis zum 1. Ring des Maßkruges
13 ein Glas Wasser mit Eiswürfeln
14 Lieber einen Bauch vom Saufen als einen Buckel vom Arbeiten
15 Saufen wir, sterben wir. Saufen wir nicht, sterben wir auch – also saufen wir!

nen Rausch *hoamzumdrong*[16]. Falsch gedacht, auf dem Land hat man da auch so seine Möglichkeiten. In Niederbayern soll es einen Busfahrer geben, der einen örtlichen Fußball-verein 30 Kilometer zu einem Volksfest gefahren hat. Zu späterer Stunde wankte er betrunken aus dem Zelt und direkt an einem Polizisten vorbei, der ihn prompt ansprach: «Entschuldigen 'S, wie kommen Sie jetzt heim?»

Der Busfahrer antwortet: «Mim Bus.»

Darauf der Polizist: «Ja, des is vernünftig!»

Sollten Sie nun Lust verspüren, einen geselligen und feucht-fröhlichen Abend zu erleben, der nicht viel kostet, dann fahren Sie in die Oberpfalz. Suchen Sie sich eine Pension in Fußweite einer geöffneten (!) Zoiglstube, und Sie werden den günstigsten, aber vielleicht schönsten Rausch Ihres Le-

16 nach Hause zu tragen

bens genießen. Wenn Sie das Kapitel «Der Bayer und seine Sprache» gelesen haben, wissen Sie, dass das Oberpfälzische durchaus eine Herausforderung sein kann. Wenn Sie schon ein bisschen beschwipst sind, wird es Ihnen leichter fallen. Bier verbindet schließlich! Oder waren das Freundschaften? Egal!

Eines aber noch in eigener Sache, und das liegt uns immens am Herzen: Wenn Sie in Bayern eine *Maß* Bier bestellen, und zwar völlig egal, ob mit oder ohne Alkohol, Schnaps, Vanilleeis oder Kirschlikör, verlangen Sie bitte, bitte, bitte, bitte niemals eine «*Maaaaas*». Das ist für jeden Bayern der absolute Todesstoß. Das *a* in *Maß* wird kurz gesprochen und das *s* scharf. Sagen Sie am besten das Wort *Fass* mit einem *M* statt *F*, so können Sie nix falsch machen und bekommen mit viel Glück vielleicht sogar ein Stamperl Schnaps aufs Haus.

Der Bayer
und seine Leibspeisen

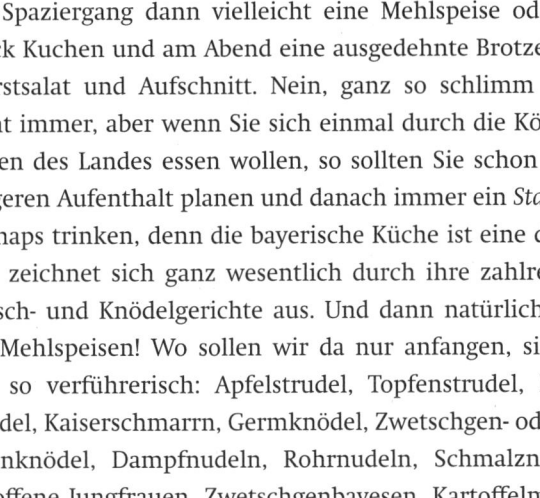

Der Bayer liebt es zu essen. Ein guter Tag beginnt also mit einem Weißwurstfrühstück, danach geht's zu einem deftigen Mittagessen mit Braten und Knödeln, als Nachspeise eine Bayerische Creme, nach einem ausgedehnten Spaziergang dann vielleicht eine Mehlspeise oder ein Stück Kuchen und am Abend eine ausgedehnte Brotzeit mit Wurstsalat und Aufschnitt. Nein, ganz so schlimm ist es nicht immer, aber wenn Sie sich einmal durch die Köstlichkeiten des Landes essen wollen, so sollten Sie schon einen längeren Aufenthalt planen und danach immer ein *Stamperl*[1] Schnaps trinken, denn die bayerische Küche ist eine deftige und zeichnet sich ganz wesentlich durch ihre zahlreichen Fleisch- und Knödelgerichte aus. Und dann natürlich noch die Mehlspeisen! Wo sollen wir da nur anfangen, sie sind alle so verführerisch: Apfelstrudel, Topfenstrudel, Mohnstrudel, Kaiserschmarrn, Germknödel, Zwetschgen- oder Marillenknödel, Dampfnudeln, Rohrnudeln, Schmalznudeln, besoffene Jungfrauen, Zwetschgenbavesen, Kartoffelmaultaschen, Rupfhauben, Fingernudeln, Hasenöhrl, Apfelkiacherl, Hollerkiacherl, Arme Ritter, Semmelschmarrn, Stritzeln, Schuxen, Grießschnitten … ach, wir könnten noch so viele weitere aufzählen. Kein Wunder, dass das *Bayerische Kochbuch*[2]

....

1 Schnapsglas
2 Dieses Buch von Maria Hofmann ist weit über 80 Jahre alt und bereits in der 56. Auflage erhältlich.

in den Haushalten des Freistaats einen ähnlichen Stellenwert hat wie die Bibel, es wird nur deutlich öfter konsultiert. Es gibt freilich aufgrund der familiären Beziehung der Wittelsbacher und Habsburger eine große Ähnlichkeit zur böhmischen und österreichischen Küche. Die schwäbische und die fränkische Küche haben sich hingegen eigenständig entwickelt, was aber nicht heißen soll, dass diese nicht ebenso viele Köstlichkeiten bereithalten. Jeder, der schon einmal ein fränkisches Schäufele genossen oder nach einer Portion Allgäuer Kässpatzn für eine Weile ins Koma fiel, wird uns da zustimmen.

Letzteres Gericht ist in einigen Gaststätten des Bayerischen Waldes heute noch – neben dem Beilagensalat – die einzige vegetarische Alternative. Mittlerweile hat sich das aber ein wenig gewandelt, und sogar im Bierzelt auf dem Oktoberfest werden vegane Varianten angeboten. Sollten Sie vegan oder vegetarisch leben, so verzeihen Sie der bayerischen Bedienung, wenn sie sich einen Scherz erlaubt. So kann es schon sein, dass ein Kellner auf die Frage nach veganen Speisen sagt *Naa, leider, Hehnafuada is aus!*[3] oder der (fleischessenden) Begleitung mitfühlend auf die Schulter klopft mit den Worten *Koa Angst, i sogs ned weida.*[4] Denn für einen Bayern ist bereits jemand, der Fleisch, aber keinen Fisch isst, extrem *hoaglich.*[5] Und für *hoagliche Leit* hat der Bayer per se wenig Verständnis. Dies wird allein schon an der Anzahl der vielen bayernweit verwendeten Synonyme erkennbar. Je nach Region kann *hoaglich* auch heißen: *ausgsuachd, gschnobelt, gnädschad, schdrialig, eingst, gschnecherd, feinzeilig, ausgstocha, gnäschig, aus-*

---

3 Nein, leider! Hühnerfutter ist aus!
4 Keine Angst, ich sage es nicht weiter.
5 wählerisch

gspitzt, ogschmoochd, gschleggad, ausdipfed, extrig, gschmoamisch, also auf gut Deutsch ein *hoaglicher Deife.* Und glauben Sie uns, das wollen Sie besser nicht sein. Denn am Ende sagt noch einer zu Ihnen: *Für des, dass'd so hoaglich bist, miassadst vui scheena sei.*[6] Also essen Sie am besten, was auf den Tisch kommt, oder trinken ein bisschen mehr, ganz nach dem Motto: *Drei Bier san aa a Schnitzel, und dann host no nix g'essn.*[7] Und auch wenn einem mal etwas kredenzt wird, was nicht gemundet hat, so bleibt der Bayer höflich und lobt die Köchin mit den Worten: *Guad hods gschmeckt, aber oft brauchstas ned kocha!*[8]

Fleisch steht bei den Bayern immer noch hoch im Kurs. Während anno dazumal auf dem Land nur einmal die Woche oder nur an den höchsten Festtagen des Jahres Fleisch auf den Tellern landete, gönnte man sich übrigens in der Landeshauptstadt einen wesentlich höheren Fleischkonsum. Besonders beliebt war hier das Kalbfleisch. 1840/41 lebten in München circa 83 000 Menschen, und es wurden 76 979 Kälber geschlachtet. Das muss man sich mal vorstellen – fast ein ganzes Kalb pro Einwohner. Aber keine Angst, die süßen Kälber kommen heutzutage nur noch in Ausnahmefällen auf den Teller, bei einem Kalbsrahmbraten vielleicht oder einem echten Wiener Schnitzel. Dafür können wir Bayern aber nix, das stammt schließlich aus Österreich.

Traditionell isst man abends übrigens eine *Brotzeit,* die in Franken und Schwaben meist *Vesper* heißt. Hierbei handelt

....

6 Dafür, dass du so wählerisch bist, müsstest du viel schöner sein.
7 Drei Bier sind auch ein Schnitzel, und dann hast du noch nichts gegessen.
8 «Es hat gut geschmeckt, aber oft brauchst du es nicht kochen!»

es sich um aufgeschnittenes Bauernbrot[9] mit verschiedenen Käse- und Wurstsorten, *Gselchtes*[10], zusätzlich Wurstsalat, Essiggurken und Tomaten. Die Bayern lieben ihre *Brotzeit* und haben ihr jede Menge Sprüche gewidmet: *Brotzeit is die scheenste Zeit!* oder *Wenn d'Wurscht so dick wias Brot is, is' wurscht, wia dick es Brot is.*[11] Die Einheit für Wurst ist im Bairischen übrigens keine *Scheibe*, sondern ein *Radl*. Kinder bekommen in bayerischen Metzgereien traditionell *ein Radl Gelbwurscht*[12] geschenkt, dies ist eine seit Ewigkeiten praktizierte Konstante und gehört gewissermaßen zum bayerischen Kulturgut.

─────────────── **False Friends** ───────────────

die/das Vesper = *kalte Zwischenmahlzeit*
die Vesper = *Abendgottesdienst*

Vorsicht ist geboten bei Bestellungen im Wirtshaus! Es gibt etliche Begriffe, die zwar gleich oder ähnlich ausgesprochen werden, aber eine völlig andere Bedeutung haben.

oa Oa = ein Ei
oa Ohr = ein Ohr
Mais = der Mais
Mais = die Mäuse[13]

· ·

9 Sauerteigbrot aus Roggen- und Weizenmehl
10 Geräuchertes
11 Wenn die Wurst so dick wie das Brot ist, ist es wurst, wie dick das Brot ist.
12 Brühwurst
13 So auch in dem bayerischen Pendant zu *Jedem Tierchen sein Pläsierchen*: D'Katz frisst d'Mais, i mogs ned.

Wenn jemand in einem lockeren Wirtshausgespräch zu Ihnen sagt, Sie hätten «geschmatzt», so muss das keinesfalls eine Beleidigung sein!

schmatzen = *reden*

schmatzen = *mit lauten Geräuschen essen*

Ebenfalls sehr beliebt, aber für Nicht-Bayern fast nicht auszusprechen, ist der *Obazde*. Ohne Artikel auf Biergartentafeln meist *Obazda* genannt. Kleiner Tipp für die Aussprache: Sprechen Sie zuerst nur die Vokale *O-a-a* und vermeiden Sie unnötigen Kraftaufwand von Mund und Kiefer. Anschließend versuchen Sie dasselbe mit den Konsonanten *b-z-d*. Zum Schluss fügen Sie alles zusammen.

Allerdings ist kein anderes bayerisches Gericht von so großer internationaler Bedeutung, wird so oft besprochen und dient der Geselligkeit und dem Gemeinsinn so sehr wie die Weißwurst. Dazu gehört traditionell eine *rösche*[14] Brezn und zwingend der berühmte süße Senf. Dieser dachten wir, kann nur einzig und allein für die Weißwurst erfunden worden sein, weil ja nichts auf der Welt besser zusammenpasst als diese zwei Komponenten. Allerdings hat Johann Conrad Develey bereits 1854 den süßen Senf erfunden, drei Jahre vor der Weißwurst. Wie muss sich dieser Senf gelangweilt haben, bis er endlich seine Bestimmung fand: Er wurde der längste Sidekick aller Zeiten.

Fakt ist, dass bereits im 14. Jahrhundert in Frankreich vergleichbare Würste mit dem Namen *Boudin Blanc*[15] im Wasser

Der Bayer und seine Leibspeisen

---

14 kross

15 *franz.* weiße Wurst

gebrüht wurden. Voller Entrüstung haben wir auf Wikipedia auch noch eine Hamburger, Schlesische und Polnische Weißwurst gefunden. Das sind sicherlich alles sehr ambitionierte Versuche, aber es gibt halt nur die eine original bayerische Weißwurst. Für diese gibt es in Bayern seit 2016 sogar einen hochoffiziellen Weißwurstbotschafter.[16]

Die Legende

Wir schreiben das Jahr 1857, es ist Faschingssonntag, der 22. Februar. Der Münchner Wirtsmetzger Joseph Moser[17] hat in seinem Wirtshaus *Zum Ewigen Licht* am Münchner Marienplatz einige hungrige Gäste sitzen. Und jeder Gastgeber wird die Situation kennen: Gerade hat man sein Wurstbrät fertig, um es in einen Schafsdarm zu füllen, und – zack – man merkt, dass man in der Hektik die Schafsdärme im Supermarkt hat liegen lassen. Zeit für die große Kunst der Improvisation! Der findige Moser Sepp füllt also das Brät einfach in ein paar Schweinedärme um und wirft sie statt in die Pfanne in heißes Wasser. Als er den Gästen diese neue Kreation kurzerhand vorsetzt, ist die Überraschung groß, aber der Hunger größer. Die bayerische Weißwurst war geboren.

Das 12-Uhr-Läuten

«Die Weißwurst darf das 12-Uhr-Läuten nicht hören!», dieses Gebot kennt jeder Bayer. Und dessen Ursprung ist relativ einfach erklärt. In den Anfangszeiten der Weißwurst wurde diese ja mit rohem Brät und kaum vorhandenen Kühlmög-

148

---

16 Albert Fritz aus Zwiesel
17 *bair.* Moser Sepp

lichkeiten gelagert. Dies hatte zur Folge, dass die Wurst – vor allem in den heißen Sommermonaten – bereits nach wenigen Stunden verdorben war. Richard Süßmeier, ehemaliger Wiesnwirt, sagte einmal: «Eine verdorbene Weißwurst kommt gleich nach dem Knollenblätterpilz!» Sie sehen, aus gutem Grunde war die Weißwurst früher nach der Mittagszeit ein Tabu. Mit den Kühlmöglichkeiten des 21. Jahrhunderts können Sie natürlich zu jeder Tages- und Nachtzeit Ihre Weißwurst genießen. Sollten Sie dafür jedoch in einer bayerischen Gaststätte einen provozierenden Kommentar ernten, so zücken Sie gerne diesen Ratgeber und verweisen auf uns. Unter uns gesagt: Ein Schweinsbraten mit Knödel oder ein Rinderfilet beschert dem Wirt freilich mehr Umsatz als ein oder zwei Paar läppische Weißwürste. Sie verstehen!

___ *Fun fact* ___

Bestimmt haben Sie schon einmal etwas vom Weißwurstäquator gehört. Darüber wurde lange gestritten, und 2013 hat man einfach auf dem 49. Breitengrad in der niederbayerischen Kleinstadt Zwiesel ein Weißwurstäquator-Denkmal errichtet.

Das *Zutzeln*[18]

Vergessen Sie es! Das *Zutzeln* stammt aus der «guten alten Zeit», als das Brät noch weicher war und die Haut wesentlich

18 saugen

härter. Es gibt bestimmt einige wenige, die daran festhalten, denn jeder kann seine Weißwurst essen, wie es ihm beliebt. In der Weißwurstresolution von 1957 steht ausdrücklich:

«Bindende Vorschriften über die Art des Weißwurstverzehrs sollen auch in Zukunft nicht erlassen werden. Es soll weiterhin erlaubt sein, sich seiner Finger und des Bestecks zu bedienen, auch soll die preußische Methode nicht als strafbare Handlung angesehen werden.»[19]

Der Weißwurstbeauftrage empfiehlt den Querschnitt: Mitsamt der Haut Rad für Rad abschneiden, anschließend die Haut am Rad einschneiden, am Teller fixieren und das Brät herausrollen. So bleibt Ihnen die Weißwurst länger warm. Alternativ können Sie tatsächlich auch die Weißwurst in die Hand nehmen, in reichlich Senf eintauchen und dann mitsamt der Haut verspeisen. Selbst bei Sternekoch Alfons Schuhbeck werden Sie da nicht des Lokales verwiesen.

Die Zubereitung

Egal was Sie tun, Sie dürfen die Weißwurst niemals, und wir meinen wirklich NIEMALS, kochen! Genauso gut könnten Sie auch Ihren BMW anzünden oder, noch schlimmer, den Deckel der Dampfnudeln zu früh anheben. Bayerischer Super-GAU! Zum einen sind die geplatzten Weißwürste, die man jetzt *Weiberl* nennt (kein Grund zur Aufregung, liebe Feministinnen, das hat nichts mit euch zu tun), nicht mehr schön anzusehen, zum anderen verlieren sie rasant an Geschmack.

....

19 Da haben Sie nochmal Glück gehabt!

Hier ein Tipp für die richtige Zubereitung vom Weißwurst-
beauftragten:

GENÜGEND WASSER IN
EINEM GROßEN TOPF
KURZ AUFKOCHEN

WEIßWÜRSTE
REIN

BEI GESCHLOSSENEM
DECKEL CA. 12-15 MIN.
INS HEIßE WASSER

VOM HERD
NEHMEN

FERTIG

WEIßBIER

IN EINER TERRINE
MIT HEIßEM WASSER
SERVIEREN

SÜßER
«SEMPFT»

BREZN

Der Weißwurstkrieg

Beinahe wäre es einer Münchner Erzeugergemeinschaft ge-
lungen, den Namen *Münchner Weißwurst* nach den Rechtsvor-
schriften der Europäischen Gemeinschaft als *geographische
Angabe* eintragen und damit schützen zu lassen. Die Weißwurst hätte nur noch im Landkreis München hergestellt werden dürfen. Das kam auf dem Land überhaupt nicht gut an!
Bis heute herrscht diesbezüglich große Verstimmung zwischen der Landeshauptstadt und den ländlichen Regionen.
Zum 160. Geburtstag wollte eine Delegation aus dem Bayerischen Wald gemeinsam mit der Brauerei Hacker-Pschorr

am Münchner Marienplatz den Tag der Weißwurst ausrufen. Zwei Tage vor der geplanten Veranstaltung luden die Münchner die *Waidler* wieder aus. Begründung: *Eine Durchmischung der Regionen* sei beim Thema Weißwurst nicht gewünscht. Ausgerechnet die Niederbayern, die jede Woche in einem zweistündigen Seminar an die vierzig Weißwurst-Diplome vergeben, die einen Weißwurstäquator errichtet, die der bayerischen Weißwurstkönigin eine Statue gewidmet[20] haben, will man hier nicht mit dabeihaben. Eine Schande!

Nach so vielen Informationen über die *Weißwurscht* kommt jetzt noch ein wichtiges kulinarisches Denkmal: die Prinzregententorte. Heinrich Georg Erbshäuser, Konditormeister aus München, kreierte 1886 anlässlich des 65. Geburtstags von Prinzregent Luitpold[21] eine Torte mit acht dünnen Biskuitböden, dazwischen immer eine zarte Schicht Schokoladenbuttercreme, zuoberst ein Hauch Aprikosenmarmelade und mit feiner Kuvertüre gekrönt. Die acht Böden stehen für die acht bayerischen Regierungsbezirke: Oberbayern, Niederbayern, Oberpfalz, Schwaben, Oberfranken, Mittelfranken, Unterfranken und die damals noch zugehörige Rheinpfalz. Da alle Böden extra gebacken werden müssen, ist die Prinzregententorte mit einigem Aufwand verbunden. Auch aus diesem Grund hat die Torte heute oft nicht mehr acht Biskuitböden, sondern nur sechs oder sieben. Letztere Zahl passt auch wieder zu den heutigen Gebietsgrenzen. Die Konditorei Erbshäuser gibt es übrigens immer noch, sie befindet sich unweit des Münchner Odeonsplatzes und verkauft noch heute die Prinzregententorte nach Original-Rezept.

....

20 Diese hat sogar schon einen Anschlag überlebt!
21 der Nachfolger von König Ludwig II.

Eine weitere süße Versuchung mit Historie ist die Agnes-Bernauer-Torte[22]. Kreiert wurde sie von der Konditorei Krönner aus Straubing[23] und erinnert an das Schicksal der schönen Baderstochter Agnes Bernauer, der der junge Herzog Albrecht von Baiern-Straubing sein Herz schenkte. Was für eine Schande für das Geschlecht der Wittelsbacher! Eine Baderstochter als Mutter eines adeligen Sprösslings war undenkbar! Im Mittelalter machte man mit derlei Problemstellungen natürlich kurzen Prozess: Der Vater von Albrecht ließ Agnes in Straubing festnehmen und in der Donau ertränken. Übrig blieb eine der süßesten Versuchungen, die Bayern zu bieten hat: die Agnes-Bernauer-Torte.

153

22 Schichttorte mit mit Mocca-Buttercreme gefüllten Nuss-Baiser-Böden
23 Auch sie existiert noch heute.

Der Bayer
und seine Tradition

Die Mythen, die sich um bayerische Traditionen ranken, sind zahlreich. Allein die vielen Heimatfilme, in denen gar pausenlos gejodelt, *gegoaßlschnalzt*[1] und *gefensterlt*[2] wird! Da wir leider keines dieser drei Dinge beherrschen, uns aber durchaus als echte Bayern definieren, müssen wir feststellen: Es wird wieder mehr gejodelt, nur selten gegoaßlschnalzt und in Zeiten von *MeToo* erst recht nicht gefensterlt in Bayern. Zumindest bei uns. Insgesamt liebt der Bayer aber seine Rituale. Er ist zum Beispiel ein begeisterter *Kartler*[3]. Des Bayern liebstes Kartenspiel ist das *Schafkopfen*. Gute Spieler wissen genau, welche Karten bereits gespielt wurden, und bringen ein undurchdringliches Pokerface mit. Echte *Kartler* können viele Stunden beim Schafkopf sitzen und geben dabei für Außenstehende unverständliche Dinge von sich. Gespielt wird um geringe Geldbeträge, was den Bayern nicht davon abhält, emotional zu werden und den Mitspieler zum Beispiel einen *draamhabbadn Hirschen*[4] zu nennen, denn beim Schafkopf geht

1 Goaßlschnalzen ist eine alte bayerisch-österreichische Tradition. Durch das Knallen ihrer Peitsche (bair. *Goaßl*) lassen die Goaßlschnalzer Melodien erklingen. Heutzutage treten sie meist in Gruppen auf, u. a. auf dem Oktoberfest.
2 Früher v. a. im Alpenraum verbreiteter Brauch. Hier besuchte der Mann seine Angebetete (deren Eltern das für gewöhnlich nicht wissen durften) über eine Leiter an ihrem Zimmerfenster.
3 Kartenspieler
4 *draamhabbad* steht für geistesabwesend, unkonzentriert.

es ganz klar vor allem um eins: die Ehre. Wer sich mit dem eher komplexen *Schafkopfen* nicht gleich überfordern will, kann sich auch einfacheren Kartenspielen widmen. Sehr beliebt und einfacher zu erlernen sind zum Beispiel *Watten*, *Böhmisch Watten*, *Ochsenschiam*, *Liang*, *Wallachern* oder *Neunerln*.

Eine weitere Besonderheit, die man dem eher nüchternen Bayern nicht zutraut, ist der Glaube an das Mystische. Wahrsager haben in Bayern eine lange Tradition, allen voran der Mühlhiasl aus dem Bayerischen Wald, der neben den verschiedensten Erfindungen sogar die Weltkriege vorhergesagt hat[5]. «Noch im Tod komm ich euch aus», soll er gesagt haben. Und recht hat er behalten. Tatsächlich fiel sein Sarg nach einem Radbruch vom Wagen, der Sargdeckel öffnete sich, und der Mühlhiasl streckte seine Hand heraus. Die Bayern lieben diese Art der Schauergeschichten. Den Kindern wurde früher oft erzählt, dass die Toten in der Nacht an Allerheiligen[6] aus ihren Gräbern steigen, um auf dem Friedhof zu tanzen. Naiv, wie wir waren, haben wir das natürlich geglaubt und nahmen unseren ganzen Mut zusammen, um Zeuge dieses unheimlichen Spektakels zu werden. Die Enttäuschung war natürlich groß, denn die Einzigen, die nachts auf dem Friedhof «tanzten», waren die vom Gräbergang mit Weihrauch benebelten Eichhörnchen.

5 «Wenn der eiserne Hund auf der Donau bellt» (Schifffahrt), «wenn die eiserne Straße kommt und ins Böhm hineinläuft» (Eisenbahn), «wenn die Wägen ohne Ross und Deichsel fahren» (Auto), «wenn die Leut' in der Luft fliegen können (Flugzeug), oder mit zweiradeligen Karren (Motorrad) fahren, dass kein Hund mitlaufen kann. Nachher steht's nimmer lang an.»
6 1. November

Heute haben nur wenige dieser abergläubischen Geschichten und Rituale überlebt, beim Wetter zum Beispiel. Im oberbayerischen Wallfahrtsort Altötting kann man immer noch geweihte, schwarze Wetterkerzen kaufen. Zündet man diese bei herannahendem Gewitter an und spricht ein Bittgebet, so sollen Haus und Hof verschont bleiben. Um generelles Unheil zu bannen, ist es nach wie vor in vielen Regionen Tradition, das Wohnhaus und den Stall mit Weihrauch auszuräuchern. Dies geschieht traditionell in den Raunächten; eng verwandt mit den Bräuchen zur Raunacht sind im Übrigen auch die Perchtenläufe, die in den Alpenregionen zwischen 31.12. und 6.1. stattfinden und schon manchem Urlauber einen Heidenschreck eingejagt haben. Mit ihren grausigen Masken, Fellumhängen und Ruten wollen die Perchten die Winterdämonen vertreiben; es heißt aber, dass sie stattdessen schon den ein oder anderen *Preißn* vertrieben haben.

Generell freut sich der Bayer immer, wenn er einem Brauch nachgehen kann oder es sonst irgendwas *Gschmeidiges* zu tun gibt. Zumal er schon allein wegen der vielen kirchlichen Feiertage viel mehr Zeit hat als der Rest der Republik. Diese nutzt er dann vortrefflich, um im Keller Palmbüsche zu binden oder jemanden im Wirtshaus einen *draamhabbadn Hirschen* zu nennen.

Tracht

Wie sagte schon Vivienne Westwood: *Every woman is beautiful in a dirndl!*[7]

Und zweifelsohne macht die Tracht, im Übrigen auch bei den Herren der Schöpfung, durchaus was her. Auch wenn

....

7 In einem Dirndl ist jede Frau schön.

wir die gute Vivienne fast ein bisschen belehren wollen, denn das, was sie meint, ist streng genommen kein *Dirndl*, sondern ein *Dirndlgwand*. Ein *Dirndl* ist nämlich das Gleiche wie ein *Madl*, nämlich ein Mädchen. Wir wollen es aber nicht unnötig kompliziert machen und wissen auch beim besten Willen nicht, wie die Mehrzahl von *Dirndlgwand* lautet, drum sprechen wir im folgenden Abschnitt vom *Dirndl* und meinen das Kleid.

Heute erfreut sich die Tracht in Bayern auch bei der Jugend wieder großer Beliebtheit. Jedes Jahr erscheinen neue Kollektionen von kleinen und großen Labels, es gibt Trachtenflohmärkte und Pop-up-Stores nur für die Wiesnzeit.

Unglaublich, aber wahr: Wenn man vor 30 Jahren auf dem Volksfest eine Tracht trug, dann war man für gewöhnlich die Bedienung. Lange Jahre war die Tracht bei der normalen Bevölkerung nämlich megaout. Manche Hartgesottenen können sich auch heute noch nicht mit der Tracht anfreunden. Wenn Sie also «Trachtenlose» auf der Wiesn sehen, dann sind das meist Urmünchner und keine Zuagroasten, außer sie tragen einen überdimensionalen Seppelhut.

Nach jahrelangen Modeversuchen mit Landhaustracht und Glitzerdirndl geht es seit ein paar Jahren wieder sehr in Richtung traditionelle, hochwertige Schlichtheit.

Auf dem Oktoberfest und allen anderen bayerischen Volksfesten nach wie vor verpönt sind alle Billigbekleidungen, die man sich für 30 Euro im Internet oder in der Nähe des Hauptbahnhofs kaufen kann. Denn, liebe Amerikaner, wir sehen durchaus den Unterschied zwischen einem Disney-Schneewittchen-Kostüm und einem Dirndl, zumal man ja tatsächlich nur im Dirndl immer gut aussieht, wie wir gelernt haben. Und auch nach der achten Maß merkt der Bayer, ob das eine echte *Lederhosn* aus Leder ist oder eine aus Frottee.

Viele Bayern freuen sich über dieses Trachten-Revival, und allein die Autorin hat fünf verschiedene Dirndl im Schrank, für jede Größe eins. Der Autor rät allen Männern mit *Wadl wie Zwetschgenkerndl*[8] zu *Wadlwärmern*[9]. Diese optische Täuschung lässt ihre Waden größer wirken.

Während es heute meist einen besonderen Anlass[10] gibt, um eine Tracht anzuziehen, so kommt das Wort *Tracht* schlicht und ergreifend von *tragen* und war das, was im bäuerlichen Umfeld eben getragen wurde.

Das *Dirndlgwand* war also ursprünglich einfach ein Arbeitsoutfit. Die *Lederhosn*[11] war in drei Varianten möglich: als *Kurze*, als *Kniebundhosn* und als knöchellange *Hosn*, die meist mit Stiefeln getragen wurde. Die kurzen Lederhosen entwickelten sich um 1800 dann aus den Kniebundhosen, erst ab etwa 1800 wurden auch die langen Hosen modern. Die kurze Lederhose verschwand um 1860 von der Bildfläche und wurde erst um 1900 von den Gebirgstrachten-Erhaltungsvereinen wieder eingeführt. Tatsächlich ging Mann vor 100 Jahren im schwarzen Anzug zur Kirche und auf die Hochzeit.

Überhaupt ist da viel rumerfunden worden, damals. Wenn Ihnen heute jemand erzählen will, es gebe verschiedene Versionen der oberbayerischen Gebirgstracht[12], so seien Sie vorsichtig! Diese Unterschiede beruhen nämlich vor allem auf der Werbekunst der Trachtenmodehäuser. Mitte der 1920er

....

8 Waden so groß wie Zwetschgenkerne
9 auf Bairisch *Loferl* genannt
10 z.B. Volksfest, Familienfeier, Hochzeit
11 Lederhosen gibt es zwar auch in der Schweiz und in Österreich, so neckisch kurz werden Sie sie wohl aber nur in Bayern finden.
12 Miesbacher Tracht, Werdenfelser Tracht, Inntaler Tracht, Chiemgauer Tracht, Berchtesgadener Tracht und Isarwinkler Tracht

Jahre kam man dort auf die glorreiche Idee, z. B. unterschiedliche Trachtenjacken zu designen und zu behaupten, das sei jetzt die echte Werdenfelser oder echte Chiemgauer Tracht. Ein Mythos war geboren und wird bis heute gepflegt.

Aber um zu verstehen, wie das überhaupt alles gekommen ist mit den bayerischen Trachten, gehen wir mal ungefähr 200 Jahre zurück. Die Napoleonischen Kriege sind vorbei, und die Menschen wenden sich von der französischen Mode ab. Nachdem in der Romantik ohnehin naturnahe, bäuerliche Motive hoch im Kurs stehen und Bayern erst kürzlich zum Königreich aufgestiegen ist, besinnen sie sich auf die eigenen kulturellen Wurzeln. Auch das Herrscherhaus ist auf der Suche nach einer eigenen nationalen Identität, und überhaupt herrscht in Wien und München Anfang des 19. Jahrhunderts eine regelrechte Trachtenbegeisterung. Als dann die Silberhochzeit von König Ludwig I. und Prinzessin Therese von Sachsen-Hildburghausen gefeiert wird, gibt es den ersten Trachtenfestzug. Dieser hat natürlich Symbolkraft. Alle Regionen Bayerns kommen mit ihren Trachten nach München. Gibt es eine bessere Möglichkeit, um zu zeigen «Wir sind eins»?

Die Wittelsbacher selbst hielten sich mit der Tracht jedoch zurück. Der Prinzregent ließ sich vielleicht zuweilen in Jagdkleidung abbilden, aber in ein und derselben Kleidung wie das Volk rumlaufen, so weit ging es dann nun doch nicht.

Obwohl die Tracht wie auch Literatur und Musik bereits verschiedene Moden durchlaufen hatte, begann man bald, die Tracht in einer Art Ist-Zustand zu konservieren. Vorher hatte die Tracht alles Mögliche über den Träger verraten, den sozialen Stand, den Beruf, die Konfession oder ob man

reich, ledig oder verheiratet war. Trachten waren also von jeher vielfältig. Nun versuchten die Trachtenvereine, in einem
Übermut an Brauchtumspflege eine Art korrekte Uniformie-
rung einzuführen, und waren äußerst streng mit ihren teils
sehr starren Regeln. Dies führte dazu, dass sich die Tracht
lange Zeit nicht weiterentwickelte und schlicht nicht mit der
Mode ging.

Heute geht man mit dem Thema, auch in den Trachtenvereinen, entspannter um. Letztendlich hat es auch gar keinen Zweck, die Trachtenmode zu verdammen. Wenn sich die
Tracht wandelt, dann tut sie ohnehin nichts anderes als in
den 500 Jahren zuvor. Das sagen vermutlich auch die vielen
Modedesigner – wie eben Vivienne Westwood. Und die muss
es ja wissen.

160

RECHTS:
VERGEBEN

LINKS:
SINGLE

MITTE:
FINGER WEG.
JUNGFRAU!

HINTEN:
KELLNERIN
WITWE
KIND

Wenn Sie jetzt also im Dirndl zum Oktoberfest fahren, müssen Sie natürlich auch wissen, dass es unter den Bayern eine
Art Schleifensprache gibt.

Maibaumkraxeln

Maibäume kennen Sie wahrscheinlich alle. Ursprünglich ehrten junge Männer eines Dorfes die Mädchen mit dem Pflanzen eines Fichtenbäumchens vor deren Fenster. Blöd, wenn das Zimmer nach Westen ausgerichtet ist, man sich den ganzen Tag auf die Abendsonne freut und dann ein plötzlich gepflanzter Baum dies verhindert. Das könnte ein Grund dafür sein, dass dieser Brauch einst verboten wurde. König Ludwig I. hob dieses Verbot wieder auf, und das Aufstellen beschränkte sich im Laufe der Jahre auf nur einen Baum und auch nicht mehr auf Schlafzimmerfenster, sondern meistens auf dem Dorfplatz.

Die Auswahl des Maibaums ist eine Wissenschaft für sich. Schön gewachsen soll er sein und nicht zu verzweigt. Ist der ideale Baum dann endlich gefunden, muss man noch darauf achten, dass er nicht gestohlen wird. Das *Maibaumstehlen* ist nämlich eine beliebte Tradition und ein Wettstreit zwischen den verschiedenen Dörfern. Dabei gilt: Der Baum darf nur gestohlen werden, sobald er im Dorf liegt, nicht aber, wenn er schon aufgestellt wurde. Will ein Dorf seinen Maibaum wieder zurück, muss es diesen mit einer ordentlichen Brotzeit auslösen. Weigert sich ein Dorf, die Ablöse zu entrichten, stellt man den gestohlenen Maibaum neben dem eigenen auf, während sich das Nachbardorf in Grund und Boden schämt.

Ein weiterer Brauch in Bezug auf den Maibaum ist das *Maibaumkraxeln*[13], eine bayerische Sportart, die überwiegend im Bayerischen Wald beheimatet ist – logisch, denn hier gibt es ja auch die meisten Bäume. Dazu schmiert man Hände und

Der Bayer und seine Tradition

---

13 Maibaumklettern

Füße mit Pech ein, um überhaupt ein paar Meter an der senkrechten Stange *kraxeln* zu können. Da der höchste Maibaum eine stolze Höhe von 57,5 Metern hatte, liegt die Wettkampfhöhe immerhin bei circa 15 Meter. Oben angekommen, teilt man den Zuschauern durch das Läuten einer Glocke mit, dass man die dort befestigten Würste für sich beansprucht. Wie man wieder runterkommt, ist jedem selber überlassen.

Schuhplatteln

Vielleicht haben Sie sich schon einmal gefragt, was das für ein seltsamer Tanz ist, bei dem sich die Bayern selber schlagen und schrille Töne von sich geben. Nun ja, es nennt sich *Schuhplatteln* und ist ein Werbetanz aus dem östlichen Alpenraum, der sich aus dem *Landler*[14] entwickelte. Historisch kann die Geburtsstunde des *Schuhplattelns* nicht so genau festgelegt werden, aber 1858 sprach man zumindest von einem Schuhplattler-Tanz, der anlässlich der Reise König Max II. durch das bayerische Gebirge aufgeführt wurde. 1866 nannte sich dann ein Verein im oberbayerischen Miesbach «Schuhplattler-Gesellschaft». Heimatforscher sprechen sogar von einer erfundenen Tradition, die sich über die Jahre hinweg zum Schautanz entwickelt hat. Obwohl es in Niederbayern auch zahlreiche Trachtenvereine gibt, die das *Schuhplatteln* pflegen, verbindet man ihn eher mit oberbayerischen Gefilden. Insgesamt gibt es an die 150 Tänze, die sich je nach Region in ihren Ausführungen unterscheiden. Was einst als Paartanz begann, bei der die Tänzerin im ¾-Takt ihre Kreise dreht, während der Tänzer durch Schläge auf Schenkel und

14 Ein in Süddeutschland, Österreich, der Schweiz sowie Slowenien verbreiteter Volkstanz im ¾-Takt

Fußsohle seiner Freude und Liebe gegenüber der Partnerin Ausdruck verleiht, entwickelte sich zu einem reinen Burschentanz. Die Absicht aber blieb dieselbe, nämlich durch Kraft, Gelenkigkeit, Schnelligkeit und Taktgefühl dem *Weibaleid*[15] zu imponieren. Somit ist die Legende wohl wahr, dass der *Schuhplattler* dem Balztanz des Auerhahns nachempfunden ist. Filme wie «Liebesgrüße aus der Lederhose» zeigen den Erfolg dieses Balzverhaltens. Das sich bis heute immer weiter drehende *Dirndl*[16] hat sich zum eigenständigen Tanz namens *Dirndldrahn*[17] entwickelt. In Touristenhochburgen wird bei öffentlichen *Plattlern* zur Freude der Touristen gleichzeitig auf der Bühne Holz gehackt, *Schmarrn*[18] gekocht oder gar mit abgestimmten Kuhglocken geläutet, dies hat aber wenig mit dem eigentlichen Tanz zu tun, und ganz wohl ist dem Bayern bei dieser klischeehaften Reizüberflutung auch nicht. Genauso wenig beim *Watschntanz,* hier täuschen die Tanzpartner durch Klatschen eine *Watschn*[19] vor. Dieser Tanz wird sogar von einigen Trachtenvereinen in der Öffentlichkeit untersagt, weil er die Bayern als grob, rückständig und streitsüchtig degradiert.

Geht es um die wichtigste Auszeichnung, nämlich den *Bayerischen Löwen,* gestiftet von Dr. Edmund Stoiber, vereinen sich beide Formen wieder. Gemeinsam ist man doch stärker, und so kämpfen einmal jährlich die besten *Schuhplattler* und *Dirndldreherinnen* aus den einzelnen Trachtengauen um den begehrten Wanderpokal. Die Bewertungskriterien sind streng, so gibt es schon bei einem Verrutschen des Hutes

---

15 Frau
16 noch jüngere Frau
17 das Drehen einer jüngeren Frau
18 bayerisch-österreichisches Gericht
19 Ohrfeige

oder der Strümpfe, Herausfallen von Gegenständen oder gar Sprechen Punktabzug.

Fun fact

Wer glaubt, dass die bayerische Liebe zur Tradition bestimmt nur ein ultrakonservatives und verbohrtes Weltbild erlaubt, der liegt falsch. Neben der Vielzahl an Trachtenvereinen haben sich 1997 in München die Schwuhplattler gegründet. Hier platteln ausschließlich schwule Männer. *Da sangs nix mehr, ha?!*[20]

Fingerhakeln

Sind manche *Mannerleid*[21] nach erfolgreichen *Plattlproben* noch voller Energie und Tatendrang und haben vielleicht sogar noch eine Kleinigkeit zu klären, kann es zu einem kurzen *Fingerhakler* kommen. Hier sitzen sich zwei Kontrahenten an einem massiv gebauten Holztisch gegenüber und haken den Haklfinger in eine Schlaufe. Nach dem Kommando «Beide Hakler – fertig – zieht!» versucht man, seinen Gegner im wahrsten Sinne des Wortes über den Tisch zu ziehen. 1955 hat sich sogar ein Landesverband bayerischer Fingerhakler gegründet, der jedes Jahr über die alpenländischen Meisterschaften wacht. Grundsätzlich kann zum Hakeln jeder Finger, bis auf den Daumen, verwendet werden. Am belieb-

20 Da fehlen Ihnen jetzt die Worte, nicht wahr?!
21 Männer

testen ist aber der Mittelfinger[22]. Dieser wird vor den Meisterschaften sogar trainiert. Verrenkungen und abgeschürfte Hornhaut sind bei diesem Sport an der Tagesordnung. Es ist wahrscheinlich nur eine Frage der Zeit, bis sich im Rahmen der Globalisierung asiatische Nagelstudios den Turnieren anschließen. In einem «königlich-bayerischen Sportbrevier» wird sogar davor gewarnt, dass das Hakeln Leistenbrüche, Blähhals und die Kropfbildung fördert. Die Bestimmungen in den Turnieren sind ebenfalls sehr streng. Ruckartiges Ziehen, Watte oder Pflaster zur Abpufferung sind verboten. Voraussetzungen für ein erfolgreiches Turnier sind unter anderem ein Hakelring, meist ein reißfester Hanfring. Diesen gibt es aber erst seit rund 60 Jahren. Davor herrschten rauere Bedingungen, denn es hieß Mann gegen Mann – ohne Ring. Mit Knochenbrüchen und Gelenkabrissen war zu rechnen. Gehakelt wird meist in Lederhose und Gamsbart auf einem wie oben bereits erwähnten Holztisch. Dieser sollte in den Boden festgeschraubt sein und an der Unterkante gepolstert. Jeder Hakler sollte sich auch einen *Spezl*[23] zur Seite stellen, der ihn bei Bedarf auffangen kann.

──────────── *False Friends* ────────────

Spezl = Freund, guter Bekannter, Kumpel
Spezi[24] = Mischgetränk aus Cola und Orangenlimonade

Da Profis zum Teil mit einem Gewicht von über 50 Pfund trainieren, raten wir Ihnen als ungeübtem Touristen vom

....

22 wie an Berliner Grundschulen, nur in anderem Kontext
23 Freund, guter Bekannter, Kumpel
24 Spezi heißt in Bayern mitunter auch *Gwasch*.

ungeübten *Hakeln* eher ab. Vor allem Pianisten sollen sich da schon ihre Karrieren ruiniert haben.

Volksmusik

Bayern hat eine rege Volksmusiktradition, und zwar nicht nur im Alpenland, sondern auch in allen anderen Regierungsbezirken. Es kann also gut sein, dass Sie in der Oberpfalz über einen launigen und urigen Musikantenstammtisch stolpern, an dem nur Musik aus der Oberpfalz gespielt wird. Das Konzept Musikantenstammtisch oder *Hoagascht*[25] gibt es zwar erst so richtig seit der Nachkriegszeit und wurde auch im Namen der Brauchpflege forciert, aber es ist eine gute Möglichkeit, als musikalischer *Preiß* in Bayern Fuß zu fassen.

Aber aufpassen: Volksmusik ist nicht gleich Volksmusik, denn es gibt sie in den verschiedensten Ausführungen – instrumental, als Musik zum Volkstanz und dann natürlich die Volkslieder. Letztere kommen dafür auch mal derb und deftig daher. Dem entgegen steht das, was Sie in den nie enden wollenden Sonntagssendungen im Fernsehen sehen: die «volkstümliche Musik», die im Prinzip nichts anderes ist als kommerziell ausgerichteter Schlager mit einzelnen Versatzstücken aus der Volksmusik.

Die «echte» Volksmusik hingegen hat da ursprünglich ganz andere Auflagen. Alt sollte sie sein, schön und natürlich im Volk entstanden. Dies nachzuvollziehen, ist natürlich gar nicht so einfach. Man geht im Übrigen davon aus, dass da

....

25 In Wirtshäusern oder Wirtsgärten stattfindendes zwangloses Musikantentreffen. Oft darf man auch als unbekannter Musiker mitspielen.

schon auch einiges dazuerfunden wurde, was so gar nicht direkt aus dem Volk kam. So vermutet man sogar, dass der große Franz von Kobell[26], der einst im Auftrag von König Maximilian II. Joseph das Buch *Oberbayerische Lieder mit ihren Singweisen* verfasste, durchaus das ein oder andere selbst dazuerfunden hat. Warum? Ganz einfach, zum ersten Mal richtete sich der Fokus auf die einfachen Leute, die dem «Großkopferten» Herrn von Kobell ihre Volkslieder vortragen sollten. Aber wenn man vor einem Gesandten des Königs steht, trumpft man freilich nicht mit derbem Liedgut auf, da beschönigt man eben oder hält sauber den Mund. Dadurch waren die Feldforschungen bei weitem nicht so ergiebig, dass sie ein ganzes Buch gefüllt hätten. Aber der Herr von Kobell war ja auch Dichter, also fiel es ihm bestimmt nicht sonderlich schwer, das ein oder andere zu ergänzen.

Heute ist es freilich ganz anders, und man hat längst begriffen, dass ein Volkslied ganz anderen Kriterien folgt als alt, schön und im Volk entstanden.

Überhaupt, viele Formen traditioneller Musik sind meist erst im 19. und 20. Jahrhundert entstanden. Zumal wir uns durchaus auch von den benachbarten Österreichern inspirieren haben lassen. Den dreistimmigen Gesang zum Beispiel haben wir uns irgendwann mal aus dem niederösterreichischen Schneeberggebiet *gekrampfelt*[27], und obwohl es auch in Bayern eine Jodeltradition gab, stammt ein Großteil der heute in Bayern bekannten Jodler aus Österreich. Nebenbei bemerkt: Ob das Jodeln übrigens wirklich als Verständigungsruf zwischen den weit verstreuten Almhütten entstanden ist – darüber streiten sich die Experten. Fakt ist aber, dass das

....

26 Schriftsteller und Mineraloge
27 gestohlen

Jodeln nicht nur in den alpenländischen Gebieten, sondern zum Beispiel auch im Harz und in der Rhön weit verbreitet ist. In Bayern erfreuen sich Jodelkurse übrigens immer größerer Beliebtheit. Aber glauben Sie jetzt nicht, dass die Kurse voller *Preißn* sind, die sich im Urlaub selbst spüren und ihr Dasein mit einem Jodeldiplom krönen wollen. Nein, vor allem Bayern wollen diese besondere Art des Singens selbst erlernen.

Ein bisschen in Vergessenheit geraten ist hingegen das Volkssängertum. Volkssänger waren Humoristen, Liedermacher, Gstanzlsänger und Alleinunterhalter in einem und wohl frühe Wegbereiter der heutigen bayerischen Kabarettliebe. Und es gab einige berühmte Vertreter: Karl Valentin etwa oder seine Bühnenpartnerin Liesl Karlstadt. Den meisten Münchnern im Gedächtnis ist sicher die sagenhafte Bally Prell, die sich mit ihrer barock-rustikalen Figur vors Publikum stellte und augenzwinkernd ihre Paradenummer, die *Schönheitskönigin von Schneizlreuth*, zum Besten gab. Der letzte Vertreter ist vermutlich Fredl Fesl «aus der niederbayerischen Heimat Niederbayern», der auf unnachahmliche Weise Volkssängertum und musikalisches Kabarett miteinander vereint.

Und die Volksmusik heute? Nun, seit Mitte der 80er Jahre ist da vieles aufgebrochen. Die Szene ist offener für neue Wege, sieht alles nicht mehr so eng und hat sich nicht erst seit der Senkrechtstarterformation *LaBrassBanda* neu erfunden. Mittlerweile darf die Volksmusik auch wieder derb sein, sich natürlich weiterentwickeln und die heile Welt auch mal außen vor lassen. Auch alte und neue Volksmusik haben ein gesundes Miteinander gefunden. Sehr schön kann man das beim Volksmusikfestival *Drumherum* im niederbayerischen Regen sehen, das alle zwei Jahre am Pfingstwochenende stattfindet und das wir sehr empfehlen können.

Die Tuba gilt als bayerisches Instrument schlechthin; mit ihren tiefen Tönen bereitet sie das gemächliche Bett für jede Blaskapelle diesseits und jenseits der Donau. Der Tubist ist meist auch ein sehr gemütlicher, wenn nicht sogar barocker Urbayer, der auf der Bühne auch mal einen Schluck Bier nimmt, ist er gerade nicht dran. Dabei haben sich die Bayern einige Zeit gegen dieses neumodische Instrument gewehrt. Die Tuba wurde nämlich erst 1835 von einem – das auch noch – preußischen Gardemusikdirektor erfunden. Selbst die Komponisten nahmen das Instrument anfangs nicht besonders ernst. In Prokofjews Oper «Liebe zu den drei Orangen» kommt ein Tuba-Solo, wenn die Köchin furzt.

Der Bayer
und seine Selbstliebe

Mia san mia[1] – dieser Ausspruch ist nicht erst durch den FC Bayern ein geflügeltes Wort und wird auch gern mal kritisch beäugt. Aber was soll das überhaupt heißen? Nun, im Prinzip will man damit lediglich ein bayerisches *So samma halt*[2] ausdrücken. Ein *Wir-brauchen-uns-nicht-ändern-weil-wir-sind-eh-schon-subba* – wenn man so will also das Ziel jedes Selbstliebe-Seminars. Was nicht heißt, dass es nicht auch intern Kritiker gibt. Viele Bayern distanzieren sich mittlerweile vom etwas tümelnden *Mia san mia* – obwohl man einfach sagen muss, dass kein anderes Bundesland in Deutschland auf eine über tausendjährige Geschichte zurückblicken kann. Schon das Lex Baiuvariorum[3] zeugte von der Stammeswerdung der Bayern.

Dennoch wird uns Bayern immer die berühmte *Extrawurscht* unterstellt, aber da sagt der Bayer zwinkernd: *Ihr hättets ja bloß auch was sagen müssen.* Der Bayer macht halt den Mund auf. Schon König Ludwig I. sagte: «Wir wollen Deutsche sein und Bayern bleiben!» Vielleicht war das viele Jahre später auch der Grund dafür, warum sich die CSU im Mai 1949 mit 101 Abgeordneten sogar gegen das Deutsche Grundgesetz stellte – und zwar einfach aus Angst, der Bund bekomme zu viel Einfluss gegenüber den Ländern. Da aber

....

1 Wir sind wir.
2 So sind wir eben.
3 entstanden zwischen 6. und 8. Jh.

zwei Drittel der Länder – sogar die Franken – dem Grundgesetz letztlich zustimmten, war Bayern automatisch mit von der Partie.

Die Bayern beugten sich mit den Worten: «Wir bekennen uns zu Deutschland, weil wir zu Deutschland gehören!» Das hat uns Bayern natürlich nicht daran gehindert, in Berlin und Brüssel lautstark vertreten zu sein. Allein Brüssel! Da steht im Regierungsviertel in bester Lage ein kleines Schlösschen. Der geneigte Besucher fragt sich, wem es wohl gehören mag. Ist es der Sitz des belgischen Premierministers? Oder ein Stadtschloss der Königsfamilie? Nein, diese renovierte Prunkvilla ist in der Tat die Vertretung des Freistaats Bayern in Brüssel, intern auch *Neuwahnstein* genannt. Und der bayerische Tourist stellt sich davor, schießt ein Foto und erzählt daheim, dass das schon richtig ist, dass wir da in Brüssel mitmischen. Wir zeigen denen schon, *wo der Bartl den Most*[4] holt. Hierzu passt auch hervorragend die Anekdote vom damaligen Ministerpräsidenten Franz Josef Strauß, der gesagt

....

4 Wir zeigen denen schon, wo es langgeht.

haben soll: «Es ist mir egal, wer unter mir Kanzler wird.» Ist es nicht bewundernswert, so selbstverliebt, ja, so im Reinen mit sich zu sein? Wie hat der Kraudn Sepp[5] so schön gesungen:

Es muss ein Sonntag g'wesn sein,
ein Tag voll hellem Sonnenschein,
Es war ein Glückstag ganz gewiss,
wie unser Bayernland entstanden is'.

Ja, der Bayer liebt sein Bayernland und möchte eigentlich auf Dauer auch nicht woanders leben. Schon mal für ein oder zwei Jahre in die USA oder mit dem Rucksack durch Neuseeland, selbst ein Auslandssemester in Hamburg ist denkbar, nicht, dass wir uns da falsch verstehen. Aber wirklich für immer aus Bayern raus, also noch weiter raus als Hof oder Aschaffenburg – nein, das kann er sich beim besten Willen nicht vorstellen. Freilich kennt der Bayer immer einen, der das gemacht hat, der jetzt in Berlin lebt oder in Frankfurt, aber verstehen kann er das nicht. Trifft er den Wahl-Berliner dann an Weihnachten auf ein Bier im alten Stammlokal, wird er ihn mit großen Augen ansehen und fragen, wie er es denn bloß aushält, in diesem Berlin? Alles so groß und anonym! Die trinken ja Bier praktisch aus Weingläsern, das könne doch nicht die Lösung sein, ein Wunder sei es, dass man da nicht davor sitzend *verdurscht*.

Und die Wahl-Berliner selbst? Viele von denen kommen irgendwann zurück, fast so, als hätte der Freistaat ein unsichtbares Gummiband gespannt, das jedes seiner *Schoferl*[6]

172

---

5 ein Zitherspieler und Volkssänger
6 Schäfchen

irgendwann wieder heimholt. Aber gut, wir Bayern werden auch fast sektengleich von Kindesbeinen an auf die Rolle des ordentlichen Bayern vorbereitet. In der Grundschule lernt man erst die Bayern-, dann die Deutschlandhymne. Allein, dass wir eine eigene Hymne haben, ist für jeden Bayern selbstverständlich. Der Bayerische Rundfunk beendet damit sogar jeden Abend nach den Nachrichten um Mitternacht sein Tagesprogramm. Natürlich auch mit Deutschland- und Europahymne, da sind wir nicht so. Die Franken haben übrigens auch eine Hymne, das Frankenlied, freiweg hersingen können es trotzdem die wenigsten. Aber fast jeder in Bayern sozialisierte Mensch kann zumindest die erste Strophe der Bayernhymne. Diese beginnt übrigens mit «Gott mit dir, du Land der Bayern» und nicht, wie böse Zungen behaupten könnten, mit «Bayern, Bayern, über alles …».

Bayern – die Vorstufe zum Paradies?

Zugegeben, diese Behauptung klingt wahnsinnig selbstverliebt, und der ein oder andere *Preiß* möchte sich bei diesem hohen Maß an Selbstüberschätzung glatt übergeben. Deswegen ist es uns wichtig, diesbezüglich die Wogen etwas zu glätten. Genauso wie jede Mutter behauptet, ihr Kind sei das schönste der Welt – auch wenn dem, mit Verlaub, oft nicht so ist –, behauptet auch jeder Bundesbürger, er wohne im schönsten Bundesland der Welt. Selbst die Nordrhein-Westfalen sagen das.

Bayern ist ein wunderschönes Land, das ist unbestritten. Das Bayerische Landesamt für Statistik hat Übernachtungszahlen veröffentlicht; Bayern ist mit über 94 Mio. Übernachtungen deutscher Spitzenreiter. Ohne jemanden diskriminieren zu wollen – aber Schlusslichter sind Bremen und das

Saarland. Aber berechtigen diese Übernachtungszahlen, sich als «Vorstufe zum Paradies» zu bezeichnen?

Nun ja, zunächst muss man sich bewusst machen, wer diese Behauptung überhaupt aufgestellt hat: der ehemalige Ministerpräsident Horst Seehofer. Ein Mann, der seine Meinung so schnell ändern kann wie die Weichen seiner Märklin-Modelleisenbahn. Heute ist es Bayern, morgen könnte es dann auch schon die Uckermark sein.

Mit der «Vorstufe zum Paradies» könnte auch die Europatherme in Bad Füssing gemeint sein. In der Regel haben die hier verkehrenden Badegäste bereits eine gewisse Altersgrenze erreicht, bei der das Risiko, mit der Schwimmnudel im Strömungskanal an Petrus vorbei direkt ins Paradies hinüberzugleiten, doch sehr hoch ist. Die Zahlen des Bad Füssinger Standesamtes wurden von uns dahingehend allerdings nicht geprüft.

Aber unbestritten ist: Wenn Sie die Zugspitze erklimmen, sind Sie dem Paradies 2932 Meter näher als auf einem 30 Meter hohen Helgoländer Leuchtturm.

Der Bayer
und seine Originale

Von einigen typischen Bayern haben Sie bereits erfahren. Vom Engel Aloisius zum Beispiel, von Franz Josef Strauß und dem Märchenkönig Ludwig II. Und wir haben Ihnen noch gar nicht vom Monaco Franze[1] erzählt, dem schillernden Rudolph Moshammer oder dem Schriftsteller Ludwig Thoma. Dann gibt es noch so viele großartige Volksschauspielerinnen, die dringend zu erwähnen wären, eine Ruth Drexel oder eine Erni Singerl. Nicht zu vergessen die Bauernschläue eines Walter Sedlmayr, die Wucht eines Gustl Bayrhammer oder die verschiedenen Größen der Schauspielerdynastie Fitz. Ihnen allen würden wir gerne ein Denkmal setzen, und noch so vielen mehr. Weil das aber unmöglich ist, haben wir uns ein paar herausgesucht, die die ganze Bandbreite mitbringen – Ruhm, Schlitzohrigkeit, große Errungenschaften. Und Sie werden sehen, an so manchem Kandidaten scheiden sich die Geister.

Karl Valentin[2]

Er war Volkssänger, Humorist, Autor und Filmproduzent, wurde 1882 in München geboren und beeinflusste mit sei-

---

1 Titelfigur einer Serie aus den 80ern. Die Hauptrolle grandios verkörpert von Helmut Fischer. Regie: Helmut Dietl, Franz Geiger, Buch: Helmut Dietl, Patrick Süßkind, Franz Geiger
2 Das V spricht man übrigens stimmlos, wie Vogel, denn wie würde Karl Valentin sagen: «Sonst müsste es ja Wogel heißen.»

ner Kunst viele andere Künstler: Bertolt Brecht, Loriot, Helge Schneider und Literaturnobelpreisträger Samuel Beckett[3]. Letzterer war von Valentins Darbietung im März 1937 übrigens derart hingerissen, dass er ihn unbedingt kennenlernen wollte. Als es über einen gemeinsamen Bekannten zu einem Treffen kam, verlor Valentin bald das Interesse und machte einen polnischen Abgang.

Sie sehen schon, einfach war er nicht, oder wie er zu sagen pflegte: «Ich bin kein direkter Rüpel, aber die Brennnessel unter den Liebesblumen.» Immer an seiner Seite: seine kongeniale Bühnenpartnerin Liesl Karlstadt; sie war es auch, die seine vielen Neurosen aushalten musste. In den 1920ern hatten die beiden auch Gastspiele in Wien, Zürich und Berlin, und trotz umjubelter Vorstellungen litt Valentin wie ein Hund. Fürchterliches Heimweh wie auch Asthma plagten ihn ein Leben lang. Außerdem litt er unter großer Flugangst, weshalb er sogar Filmangebote aus Amerika ausschlug. Seinen Ruf als Hypochonder pflegte er jedoch sorgsam. Auf die Frage nach seinen drei Wünschen soll er einmal gesagt haben: «Erstens: ewige Gesundheit. Zweitens: einen Leibarzt.»

Während der Nazi-Zeit schrieb er zwar für die Propaganda-Zeitung *Münchner Feldpost* unpolitische Artikel, ließ sich aber nicht von Nazis vor den Karren spannen. So soll er gesagt haben: «Der Hitler hat Glück ghabt, dass er nicht Adolf Kräuter ghoaßn hat, sonst hätt ma immer ‹Heil Kräuter› schrein müassn.» Außerdem erzählt man sich, dass Valentin in den 30er Jahren in seiner Stammwirtschaft aufstand, um sich zu verabschieden. Die Anwesenden erwarteten den Hitler-Gruß. So erhob er den rechten Arm und rief: «Heil …»,

....

3 Irischer Schriftsteller. Sein berühmtestes Werk ist das Theaterstück «Warten auf Godot».

hielt inne und überlegte. Er setzte erneut an, und wieder kam nur: «Heil ...», als er ein drittes Mal ansetzte, stockte er erneut nach dem «Heil ...». Fast enttäuscht sagte er dann: «Ich kann mir den Namen einfach nicht merken.»

Nach dem Zweiten Weltkrieg gelang es dem einstigen Star nicht mehr wirklich, in der Unterhaltungsbranche Fuß zu fassen. «Zu pessimistisch» sei seine Sicht, wurde ihm vorgeworfen. Die Menschen in der Nachkriegszeit wollten die Schrecken des Krieges hinter sich lassen. Nach jahrelanger Abstinenz trat er 1947 und 1948 wieder mit Liesl Karlstadt auf, starb aber im Februar 1948.

Die Umstände seines Todes sind tragisch; uns Kabarettisten gehen sie besonders nah. Da stand dieser einst umjubelte Künstler 1948 auf der Bühne des «Bunten Würfels»,[4] einer Kleinkunstbühne in München, und wurde nach der Vorstellung in der Garderobe einfach vergessen und aus Versehen eingesperrt. Er musste eine eiskalte Nacht in den ungeheizten Räumen verbringen. Als Folge erlag er am 9. Februar einer Lungenentzündung. Und als ob das nicht schon gereicht hätte, wurde er letzten Endes auch noch von seiner geliebten Heimatstadt München verlassen. Getreu dem bayerischen Motto *Wo der Pfenning gschlang is, is er nix wert*[5] schlug die Stadt München seinen Nachlass[6] aus. Darum lagert dieser jetzt erstaunlicherweise nicht in Bayern, sondern in Köln. Dort wurde der berühmte Volkssänger am Ende mehr geschätzt als in seiner Heimat. Dennoch ging er mit seinen Sketchen, Liedern und Gedichten in den Volksmund ein. Wenn einer

....

4 heutige Preysingstr. 42
5 Wo der Pfennig geschlagen wurde, ist er nichts wert.
6 Die Angehörigen hatten den kompletten Nachlass für 7000 Mark angeboten.

also sagt, er fühle sich schon fast wie der *Buchbinder Wanninger*[7], oder meint «Mögen hätt ich schon wollen, aber dürfen hab ich mich nicht getraut», dann geht das klar auf Karl Valentin zurück. Und wenn es Ihnen mal schlecht geht, dann sagen Sie sich einfach «Ich freue mich, wenn es regnet, denn wenn ich mich nicht freue, regnet es auch».

Franz Xaver Krenkl

Ein 1780 in Landshut geborener Pferdehändler und Rennstallbesitzer, der es in München zu gewissem Ruhm brachte – und das nicht nur, weil er mit seinen Pferden beim Oktoberfestrennen ganze vierzehnmal den Meistertitel holte. Es war vielmehr seine Dreistigkeit, an die wir uns gerne erinnern.

Die Legende besagt nämlich, dass Krenkl, der in München einen erfolgreichen Pferdehandel unterhielt, eines Tages die Kutsche des Kronprinzen Ludwig[8] im Englischen Garten überholte. Das war aber streng verboten! Als wäre das nicht schon wagemutig genug, rief er dem Kronprinzen während des Überholvorgangs auch noch zu: *«Majestät, wer ko, der ko!»*[9] Dies wurde zum geflügelten Wort.

Aber noch eine weitere deftige Anekdote ist überliefert. So soll ein Kunde Krenkls, ein Graf, ihm einmal unterstellt haben, er hätte dem vorgeführten Pferd Pfefferkörner in den

---

7 Dieser Ausspruch ist eine Anlehnung an einen Sketch von Karl Valentin. In dem versucht der Buchbinder Wanninger, bei seinem Auftraggeber eine simple Auskunft zu erlangen. Er wird aber so lange weiterverbunden, bis er «Saubande, dreckade!» fluchend aufgibt. Ähnlichkeiten mit dem Nachnamen der Autorin sind rein zufällig.

8 der spätere Ludwig I.

9 «Majestät, wer kann, der kann!»

After gesteckt, damit es den Schweif auch schön hoch trug. «*Herr Graf*», soll Krenkl angeblich gerufen haben, «*etz zutzeln S'amal, und wann S'a oanzigs Pfefferkörndl nausbringen, dann ghört des Pferdl Eahna.*»[10] Am Mittelgewölbe des Münchner Karlstors ist Krenkl auch als Steinplastik verewigt.

Kurt Eisner

Er wurde im November 1918 der erste Ministerpräsident Bayerns, und das war an sich schon erstaunlich, da er ein *Preiß* war, jüdisch und ein Sozi, also eine für die damalige Zeit denkbar schlechte Verbindung. Dennoch war der Pazifist Eisner der erfolgreiche Anführer der Novemberrevolution und schaffte es, den letzten bayerischen König, Ludwig III., unblutig zu stürzen.[11] Er war es auch, der im Anschluss zum ersten Mal den «Freistaat» ausrief und sagte: «Die Revolution ist nicht die Demokratie. Sie schafft erst die Demokratie.»

Seine Regierung wurde von den meisten jedoch nur als provisorische Übergangslösung bis zu den Landtagswahlen im Januar 1919 gesehen. Bei diesen erlebt Eisner dann eine herbe Niederlage. Darum befindet er sich im Februar 1919 auf dem Weg in den Landtag, wo er seinen Rücktritt bekannt geben will, als er von dem jungen Adeligen Anton Graf von Arco auf Valley erschossen wird. Seit 1989 erinnert ein Denkmal in der Kurt-Faulhaber-Straße in München an diese Tat.

....

10 «Herr Graf, jetzt saugen Sie einmal dran, und wenn Sie ein einziges Pfefferkorn herausbringen, dann gehört das Pferd Ihnen.»
11 Dieser hatte nicht so wirklich mitbekommen, was in seinem Volk rumorte, fuhr durch den Englischen Garten und wurde von einem radelnden Polizisten darauf aufmerksam gemacht: «*Majestät, genga'S heim, Revolution is'!*» Daraufhin floh Ludwig aus München.

Politiker der CSU hatten aber lange versucht, das Denkmal zu verhindern. Wer hätte denn gedacht, dass wir Bayern uns bei der Erinnerung an unsere linke Geschichte bis heute so anstellen? Zum 100. Todestag hat der Freistaat es noch nicht einmal geschafft, eine Gedenkfeier zu organisieren. Eine magere Leistung, wenn man bedenkt, dass Eisners Regierung den Achtstundentag und das Frauenwahlrecht eingeführt hat. Und das in nur vier Monaten Amtszeit.

Adele Spitzeder

Diese lesbische Volkssängerin und Schauspielerin war die wohl größte bayerische Betrügerin des 19. Jahrhunderts. Als Kind einer reichen Künstlerfamilie besuchte sie nur Privatschulen und verkehrte in der besseren Gesellschaft. Als sie 1856 ihr Debüt als Schauspielerin gab, hatte sie bereits so hohe Ansprüche an ihren Lebensstil, dass ihre Gagen als Schauspielerin diese niemals abdecken konnten. Sie wohnte zum Beispiel ausschließlich in Hotels und unterhielt eine eigene Privatangestellte.

Völlig mittellos lieh sie sich eines Tages Geld und versprach 10 Prozent Zinsen auf den Betrag. Diese zahlte sie auch sofort bar aus, was völlig unüblich war, aber große Seriosität erweckte. Bald schon sprach sich dieses Modell herum, und Spitzeders Privatbank wird innerhalb von kürzester Zeit zu einem florierenden Großunternehmen. Die Menschen vertrauten ihr, brachten Spitzeder ihr ganzes Vermögen, Bauern verkauften teilweise sogar ihre Höfe und wollten nur noch von den Zinsen leben. Spitzeder selbst kaufte sich jede Menge Münchner Immobilien und hatte längst den Überblick über ihre praktisch nicht vorhandene Buchhaltung verloren. Das Geld bewahrte sie sogar säckeweise in der Wohnung auf. Dieses betrügerische Konzept wurde später unter dem Namen Ponzi-System bekannt; hier wird nur mit den Beiträgen neuer Anleger die Ausschüttung an andere Teilnehmer gedeckt. Spitzeder war quasi in Sachen Betrug ihrer Zeit weit voraus. Vor allem führte sie die Öffentlichkeit sehr gekonnt an der Nase herum. Ihr Image als Wohltäterin und seriöse Geschäftsfrau konnte sie dank gekaufter Medienberichte eine ganze Zeit aufrechterhalten. Erst als sich Gegner formierten und eine große Anzahl Gläubiger zusammentrommelten, die alle gleichzeitig ihr Geld abheben wollten, kollabierte ihr System. Innerhalb von zwei Jahren hatte Spitzeder 32 000 Kunden um insgesamt 38 Millionen Gulden geprellt. Deswegen wurde sie zu drei Jahren Zuchthaus verurteilt, versuchte sich später unter dem Namen *Adele Vio* als Volkssängerin, wurde aber bis zu ihrem Tod von Freunden und Gönnern finanziell unterstützt.

Pumuckl

Die Serie «Meister Eder und sein Pumuckl» erfreut schon seit 1962 die deutschen und vor allem die bayerischen Kinder. Zunächst als Hörspiel produziert, gab es bald Bücher, eine Fernsehserie, Spielfilme, sogar ein Musical. Seine Schöpferin, Ellis Kaut, war nicht nur Kinderbuchautorin, sondern mit 17 Jahren übrigens auch das erste *Münchner Kindl*[12]. Aber zurück zu unserem Klabautermann. Der kleine Kobold Pumuckl bleibt in einer Münchner Schreinerwerkstatt an einem Leimtopf kleben und wird dadurch für den Schreiner-

· ·

12 Die offizielle Wappenfigur von München führt in Person u. a. am ersten Samstag des Münchner Oktoberfestes den großen Trachten- und Schützenumzug der Wiesnwirte an und fungiert auch als «Botschafterin» Münchens.

meister Eder[13] urplötzlich sichtbar. Jetzt ist er für immer verpflichtet, bei diesem zu bleiben – und Meister Eder hat damit am Anfang seine schwere Not. Was hat dieser Pumuckl auch für Neurosen: So hasst er Katzen, Gartenzwerge und Käse, liebt dafür Unordnung, Schokoladenpudding und seine unzähligen Streiche.

Die für die Serie charakteristische Schreinerwerkstatt befand sich übrigens in einem alten Werkstattgebäude im Hinterhof der Widenmayerstraße 2 in München und wurde extra für die Serie für eine relativ hohe Summe renoviert. Als während der mehrjährigen Drehphase zwischenzeitlich die Bayerische Versicherungskammer das Gelände kaufte und der Werkstatt kurzerhand die Abrissbirne drohte, war das ganze Serienprojekt in Gefahr.

182   Die Liebe der Bayern zum Pumuckl war aber so groß, dass sich sogar Ministerpräsident Franz Josef Strauß persönlich dafür einsetzte, dass die Serie fertiggestellt werden konnte. Erst kurz nach den Dreharbeiten folgte der Abriss.

Aber auch heute noch ist die Verehrung für den Pumuckl ungebrochen, denn kurz vor Erscheinen des Kinderbuches zum 50. Jubiläum kam heraus, dass der Pumuckl zeichnerisch erschlankt war. Unter dem Hashtag #bringbackbäuchlein gab es eine große Protestaktion auf Twitter. Darum blieb es auch nur bei einem Buch mit dieser Version des Pumuckls. In späteren Ausgaben hatte er wieder deutlich an Fülle gewonnen.

---

13 verkörpert von Schauspieler Gustl Bayrhammer

Josef Ratzinger

Nach fast 500 Jahren gab es mit Papst Benedikt XVI. wieder einen deutschen Papst, und dann ist er auch noch ein Bayer. Schaut man in seine Vita, war Ratzingers beruflicher Werdegang eindeutig schon vorherbestimmt. Ratzinger wurde 1927 an einem Karsamstag geboren und noch am selben Tag getauft. Und dann hießen seine Eltern auch noch Maria und Josef. Kein Wunder, dass er 1951 zusammen mit seinem Bruder die Priesterweihe erhielt. 26 Jahre später – für die katholische Kirche ein Wimpernschlag – war er bereits Erzbischof von München und Freising. Am 19. April 2005 stieg dann aus dem Kamin der Sixtinischen Kapelle weißer Rauch auf, und ganz Bayern verkündete: «Wir sind Papst!» Zumindest bis zu seinem Amtsverzicht knappe acht Jahre später. Trotz der gerechtfertigten Kritik an seinem Umgang mit dem Missbrauchsskandal in der katholischen Kirche und seiner Einstellung gegenüber Homosexuellen muss man sagen, dass er durch seinen freiwilligen Rücktritt die katholische Kirche in ihren Strukturen reformiert hat wie kein anderer zuvor. Zum ersten Mal seit über 700 Jahren ist es nun Päpsten wieder möglich, von ihrem Amt zurückzutreten. Ein Bayer halt: Wenn's ihm *glangt*[14], dann *glangts* ihm wirklich.

----

14 reicht

Der Bayer
und sein Ableben

Uns ist kein Bundesland bekannt, welches einen Superlativ für das Wort *tot* besitzt. Bayern schon! Hier sind Sie entweder *tot*[1], *maustot*[2] oder *mausdreggaltot*[3]. Wenn also jemand in Deutschland ein «gesundes» Verhältnis zum Tod hat, dann der Bayer. Kein Wunder, dass der Volksmund da jede Menge kleine Schätze bietet. Die mutige Variante ist beispielsweise *Liaba as Lebn riskiern, wia an Schwung verliern*[4], die nüchterne Version *Weiber sterm, koa Verderbn, Ross varrecka, is a Schrecka.*[5]

Aber nicht, dass Sie sich jetzt gleich abwenden und auf den unsensiblen Bayern schimpfen. Der hat nämlich sehr oft durchaus philosophische Ansätze, was den Tod betrifft. Vielen Hofbesitzern fiel es früher wie heute schwer, ihr «Sach»[6] endgültig dem Kind[7] zu überschreiben. Haben sie es dann ge-

....

1 normal tot und wurde durch einen Arzt bestätigt
2 so tot, dass zur Feststellung kein Arzt notwendig ist, weil es sogar der Laie erkennt, mausetot halt
3 Bedarf keiner weiteren Erklärung.
4 Lieber das Leben riskieren, als den Schwung verlieren
5 Wörtl. *Weiber sterben, kein Verderben, Pferd verrecken, ist ein Schrecken.* Früher war der Tod der Ehefrau keine so große Bedrohung für die Existenz wie beispielsweise der Tod des einzigen Pferdes.
6 Besitz
7 Auch wenn es mehrere Kinder gibt, so gilt die goldene Regel *«An Hof reißt ma ned ausnand».* Meist erbt immer noch der Erstgeborene den Hof, der teilweise genauso heißt wie der Vater. Oft wird die Entscheidung dem potenziellen Hofnachfolger bereits im Grundschulalter mitgeteilt, die Konkurrenzsituation

tan, so waren sie doch oft bis ins hohe Alter extrem sparsam. Diesen Menschen, die sich gar nie etwas gönnen wollen, kann man nur sagen: *I muass ned der reichste Mo am Friedhof sei.*

Nirgendwo sonst werden zum Thema Ableben so viele Traditionen und Bräuche gepflegt, und wir wagen zu behaupten, dass es der Tod deutschlandweit nirgendwo sonst öfter auf die Kinoleinwand geschafft hat als in Bayern – mit Filmen wie «Wer früher stirbt, ist länger tot» von Marcus H. Rosenmüller, der mit dem Bayerischen und Deutschen Filmpreis ausgezeichnet wurde, oder «Der Brandner Kaspar» zum Beispiel. Sagt Ihnen nichts? Also den müssen Sie kennen, bevor Sie bayerischen Boden betreten.

Kurzfassung: Eines Abends erscheint dem Brandner Kaspar der *Boandlkramer*[8], der ihn mit der Begründung «Weil es dir aufgesetzet ist» mit in den Himmel nehmen will. Da es dem 72-jährigen Brandner noch sehr gut im irdischen Leben gefällt, lehnt er dankend ab. Es kommt zu einer Diskussion, die darin endet, dass der Brandner Kaspar den *Boandlkramer* mit *Kerschgeist*[9] abfüllt, woraufhin dieser sich sogar auf ein Kartenspiel einlässt. In seinem Rausch merkt er nicht, dass der Brandner *b'scheißt*[10], und verliert das Spiel. Der Preis dafür sind weitere 18 Jahre Leben.

Diese Geschichte steht sinnbildlich für die Verbindung der Bayern mit dem Ableben. Der Tod wird hier gar nicht so ernst genommen, sondern dient eher als Mittler zwischen Himmel und Erde. So kann es Ihnen passieren, dass man mit jemandem zwanglos über Umzüge spricht und dieser ein

....

treibt das Kind dann zu Höchstleistungen, sowohl in der Schule als auch auf dem elterlichen Hof.

8 der Tod
9 Kirschwasser
10 schummelt

gewitztes *I ziag nimma um, des nächste Moi bloß no mit de Fiass voraus*[11] einwirft. Diese Mischung aus Glaube und Pragmatismus gibt dem Tod ein fast sympathisches Gesicht. Das zeigt ja schon der Begriff *Boandlkramer* als Synonym für den Tod.

─────────── **False Friend** ───────────

Boandlkramer = *der Tod*
Kramer = *der Besitzer eines Kramerladens*[12]

Auch würde der Bayer nie jemanden vergiften, sondern wenn, dann *ummefuadan*[13]. Das nimmt dem Ganzen doch auch gleich den Schrecken; das Wort selbst impliziert schon fast eine liebevolle Sterbebegleitung.

186   Wenn also ein auf dem Sterbebett liegender Bayer auf die Frage «Wie geht's?» mit «Aufwärts!» antwortet, darf Sie das nicht wundern. Schon etliche Tage vor dem Tod kontrolliert jeder Angehörige seinen Kleiderschrank, ob er überhaupt etwas Passendes zum Anziehen hat. Eventuell stirbt jemand so blöd, dass zwischen Todeszeitpunkt und Beerdigung Feiertage liegen und es somit keine Möglichkeit mehr gibt, im Modehaus einen schwarzen Anzug zu kaufen. Ist es dann so weit und ein Angehöriger stirbt, trauert der Bayer natürlich auch. Aber nicht allzu lang, denn es muss schließlich ein Fest organisiert werden. Kurz vor dem Ableben äußern noch viele den Wunsch: *Machts fei a scheene Leich!*[14] Meistens muss der

....

11 Ich ziehe nicht mehr um, das nächste Mal nur noch mit den Füßen voraus.
12 Tante-Emma-Laden
13 rüberfüttern
14 Organisiert eine schöne Beerdigung!

Bestatter mit der Überführung auch noch ein bisschen warten, denn erst muss die Verwandtschaft kontaktiert werden, damit alle Abschied nehmen können. Haben sich dann alle versammelt, gibt es eine gemeinsame Brotzeit, der Verstorbene natürlich immer in greifbarer Nähe. Es ist auch nicht auszuschließen, dass sich eine kleine Eintagsfliege nach ihrer Trauerminute auf dem Verstorbenen zur Beileidsbekundung an den Brotzeittisch gesellt. Alles Weitere läuft ähnlich ab wie im restlichen Deutschland.

Martin: *Auch dem Tod von Tieren gegenüber hat man in Bayern eine nüchternere Einstellung als andernorts. Als ein Feriengast aus Nordrhein-Westfalen meine Oma schockiert*

darüber in Kenntnis setzte, dass hinter dem Bulldog[15] ein
Huhn verstorben sei, entgegnete meine Oma nüchtern, dass
in Bayern ein Huhn nicht stirbt, sondern verreckt.

....

15 Traktor

Vorwort

Gibt es bis hierher noch Fragen?

Wir geben zu, als wir uns dazu entschlossen hatten, einen Ratgeber zum Thema Bayern zu schreiben, waren wir sehr naiv. Uns war gar nicht bewusst, auf was wir uns da eingelassen hatten. Bayern ist ja nicht Bremen oder Mecklenburg-Vorpommern. Bayern ist viel komplexer, und es ist unglaublich schwierig, all das auf das Wesentlichste herunterzubrechen. In der langen Zeit der Recherche haben auch wir unser Bayern neu kennenlernen dürfen. Wenn wir uns in München-Haidhausen beim Schreiben auf einem Balkon gegenübersaßen, und einer fragte nach dem ältesten Sohn König Ludwigs I., war es plötzlich ganz normal, dass der andere wie aus der Pistole geschossen antworten konnte. Unsere Geschichtslehrer wären stolz auf uns.

Von den meisten *Fun facts* und *Gscheidhaferl-Fakten* haben wir selber noch nie etwas gehört. Und – eine Fußnote sei noch erlaubt – dann *soi ma no daschmegga, wos an Preißn intressiert und wos ned!*[1]

Konnten wir Sie überhaupt noch überraschen? Haben wir uns tief genug in die bayerische Mentalität hineingebohrt? Haben wir auch niemanden vergessen? Wir hätten noch Hunderte von Seiten über den Freistaat schreiben können, aber dann müssten Sie sich jetzt mit einer kiloschweren En-

---

1 … sollten wir noch riechen, was den Preußen interessiert und was nicht.

zyklopädie auf den Weg machen und am Flughafen eventuell sogar für Übergepäck bezahlen.

Logisch, denn wir Bayern verstehen uns ja oft selber nicht. Aber wir lieben unsere Heimat mit all ihren Licht- und Schattenseiten. Falls Sie den Grund dafür immer noch nicht nachvollziehen können, schließen wir mit den Worten einer älteren Dame, die eine unserer Vorstellungen besucht hat. Sie ist seit 64 Jahren mit ihrem Mann verheiratet und sagte: *Mei ... i wissad ja ned, wia a anderer war!*[2]

«Die Bayern verstehen», das haben schon einige versucht. Aber der Bayer ist wie sein Leberkäs, man muss ihn in seine Einzelteile zerlegen, um festzustellen: Ach, da steckt ja weder Leber noch Käse drin. Also jetzt bildlich gesprochen. Ohne Leber wäre der Bayer verloren. Der Bayer ist laut, lustig, grantig, selbstbewusst und manchmal auch derb. Aber er kann auch nachdenklich sein, tief und ein echtes *Gschpür* haben.

Und mit einem *Gschpür* sollte man immer einen Kabarettabend, ein Theaterstück oder ein Buch beenden.

Sie haben jetzt schon so viel Bairisch gelernt, vielleicht können Sie es in dem folgenden Gedicht gleich einmal anwenden. Wenn nicht, Vokabeln finden Sie auf Seite 191.

Hoamkemma

von Franziska Wanninger

Des Gfui so warm, wia Kartoffelfeia riacht,
de Baam san aa in am ganz andern Liacht

....

2 Ich wüsste ja nicht, wie ein anderer wäre. Endgültig letzte Fußnote.

Wo si koana laut vor irgendwos fiacht.
Wos oam, wenn ma gschimpft wird, ned vui duad.
Weil solangs schimpfa kennan, geht's eana guad.

Dahoam muass' Herz ned so schnej schlong,
do werd a Schicksal einfach mitanand' drong.
Und wos passiert is, des is einerlei,
weil hoamkemma woasst derfst oiwei.

Do wos Miteinander immer no stimmt.
Wenn der Postler manchmoi d'Post
erscht nachm Wirtshaus bringt.
Und er woass aa, wos auf der Postkartn steht,
aber moants, wenn er di frogd, wias da geht.

Wo manche Briada 30 Jahr ned mitanand redn.
Weils es ned glernt ham, wias geht, des Vergebn.
Solang wohnans weiter nebnand
und wünschten si, sehnlichst, dass der andre ofangt.
So vergengan de Jahr, bis oana aufheart zum lem.
Und der andre sagt traurig: «Er woid ja nie mit mir
redn.»

Dahoam muass' Herz ned so schnej schlong,
do werd a Schicksal einfach mitanand' drong.
Und wos passiert is, des is einerlei,
weil hoamkemma woasst derfst oiwei.

· ·

Vokabeln:
riacht = riecht
Baam = Bäume
Liacht = Licht

fiacht = fürchtet
oiwei = immer
Briada = Brüder
lem = leben

Bayerntest

Haben Sie unser Buch auch aufmerksam studiert? Testen Sie Ihr Wissen!

1. Was ist die größte Touristengruppe in Bayern?
a. Die Preißn
b. Die Japaner
c. Die Amerikaner

2. Was ist die beliebteste Sehenswürdigkeit in Bayern?
a. Schloss Neuschwanstein
b. Residenz in Würzburg
c. BMW-Welt

3. Wie nannte man die Bewohner des Alpenraums im 6. Jahrhundert?
a. Bajowaren
b. Bajuwaren
c. Bajawaren

4. Wie entstand der Biergarten?
a. Durch einen Zufall, als König Ludwig I. einen Bediensteten während seiner Dienstzeit mit einer Flasche Bier im Hofgarten ertappt hatte.
b. Durch König Max II., der sich zur Geburt seines Sohnes Ludwig Freunde in den Garten einlud und ein Fass Bier anzapfte.
c. Damit das Bier nicht schlecht wurde, lagerte man es

unterirdisch und pflanzte darüber Kastanien, die Schatten spendeten. Bald schon nutzte man den Platz auch zum Verweilen und Biertrinken.

5. *Steht ein Bayer am oberen Ende einer Treppe und bittet Sie herauf, dann sagt er:*
   a. «Kimm auffa!»
   b. «Kimm auffi!»
   c. «Kimm rum!»

6. *Wenn Sie in Nürnberg* **Nackerte** *bestellen, bekommen Sie:*
   a. Ein in Schmalz ausgebackenes Hefegebäck ohne Füllung
   b. Das Innere einer Bratwurst auf einem Butterbrot serviert
   c. Fünf leicht bekleidete Franken als Haushaltshilfe

7. *Was war der Grund für die Exkursion amerikanischer Astronauten im Juli 1970 ins Nördlinger Ries?*
   a. Die Bewohner im Nördlinger Ries berichteten monatelang unabhängig voneinander von seltsamen Flugobjekten, die am Horizont niedergingen.
   b. Durch den Meteoriten-Einschlag vor Jahrmillionen vermutet man «reitende Urzwerge» in den Tiefen des Rieser Beckens.
   c. Die Astronauten sollten beweisen, dass die Mondkrater durch Asteroiden entstanden sind. Als Übungsgebiet nahm man dieses schwäbisch-bayerische Fleckchen Erde.

8. *Was ist das älteste Münchner Gebäude?*
   a. Eine fast komplett erhaltene römische Sauna wurde 1970 beim Bau der Münchner S-Bahn gefunden.
   b. In der Mitte des Englischen Gartens fand man den gemauerten Freisitz von Karl dem Großen.

c. Am Marienhof fand man eine Latrine aus dem 13. Jahrhundert. Überlegungen, diese wieder in Betrieb zu nehmen, wurden verworfen.

9. Wie lautet ein beliebtes bayerisches Lebensmotto?

a. sündigen – bereuen – neuer Versuch

b. sündigen – genießen – wegbeichten

c. Wer schläft, sündigt nicht.

10. Was versteht man unter dem «Schwur vom Peißenberg»?

a. Bauern schworen ihrem katholischen Landesherrn die Treue, als sich ein 1000 Mann starkes Heer aus dem Allgäu gegen den Katholizismus auflehnen wollte.

b. Bei einer hochschwangeren Magd setzten während einer Wanderung am Peißenberg die Wehen ein. Mithilfe einer Wanderhure brachte sie das Kind ohne Komplikationen zur Welt und schwor, von nun an jedes Jahr den Peißenberg zu besteigen. Daraus entstand die einzige Prostituierten-Bergwanderung der Welt.

c. Ein Kind hatte sich am Hohen Peißenberg verlaufen. Als ein Gewitter aufzog, schwor es, ohne fremde Hilfe eine Kapelle zu bauen, sollte es vom Blitz verschont bleiben. Am nächsten Tag begann es zu bauen, und nach zwölf Jahren Bauzeit stand die Kapelle.

11. Wegen der vielen Bauwerke nach griechischem Vorbild bezeichnet man München auch gerne als:

a. Die nördlichste Akropolis Griechenlands

b. Weiß-blauer Ouzo

c. Isar-Athen

12. *Der Märchenkönig Ludwig II. lebte ein Rockstar-Leben, deshalb ließ er sich folgende Highlights ins Schloss Neuschwanstein einbauen:*

    a. Treppe-fahr-mich: Aufgrund der großen Anzahl an Treppen ließ sich König Ludwig II. die erste Vorstufe der Rolltreppe einbauen. Holzstufen, die von Bediensteten mit einer Kurbel angetrieben wurden, brachten ihn vom königlichen Schlafgemach ins Arbeitszimmer.

    b. Decke-heb-dich: Der König liebte schwere und prallgefüllte Daunendecken in Übergröße. Diese wogen zum Teil bis zu 8 kg. Deshalb ließ König Ludwig alle vier Enden an dünnen und goldverzierten Seilen befestigen. Mit einem «Decke-heb-dich» zog ein Mitarbeiter im darüber liegenden Stockwerk die Decke an, ohne das königliche Schlafzimmer betreten zu müssen. Dieser Mitarbeiter hatte während seiner Schicht nichts anderes zu tun, als auf diese eine Anweisung des Königs zu warten.

    c. Tischlein-deck-dich: Damit der König ungestört speisen konnte, ließ er sich einen Tisch einbauen, der im Boden versenkt werden konnte. Im Untergeschoss wurde dieser dann von Bediensteten gedeckt und anschließend wieder nach oben gezogen. Da diese ganze Aktion eine halbe Stunde in Anspruch nahm, war das Essen meist kalt.

13. *Franz Josef Strauß war bekannt für seine derben, aber doch philosophisch wertvollen verbalen Auswürfe. Helmut Kohl nannte er einst:*

    a. Deutsche Eiche mit Klappscharnier

    b. Deutsche Dampflok ohne Abgasnorm

    c. Deutsche Bockwurst im Kunstdarm

14. Wie nennt man das mittlere Wiesnwochenende?

a. Bayerisch-französisches Tête-à-Tête

b. Italiener-Wochenende

c. Amerikanische Gaudi-Time

15. Was erhalten Sie, wenn Sie in Bayern einen Schnitt bestellen?

a. Das Randstück eines Leberkäses

b. Wenig Bier, viel Schaum

c. Extra dünn geschnittenen Wurstsalat

16. Die acht Böden der Prinzregententorte stehen für:

a. Die acht bayerischen Regierungsbezirke (inkl. der damals dazugehörigen Rheinpfalz)

b. Die sieben heiligen Sakramente der Kirche (der 8. Boden steht für den heiligen Leopold, den Namenspatron des Prinzregenten Luitpold, nach dem die Torte benannt ist)

c. Sie haben keine offizielle Bedeutung

17. Welcher der nachfolgenden Begriffe bezeichnet eine bayerische Kampfsportart?

a. Wadlbeißen

b. Fingerhakeln

c. Poporutschen

18. Welche Verbindung hat Bayern zu einem Schlösschen mitten im Brüsseler EU-Parlamentsviertel?

a. König Ludwig II. erbaute sich mit Erlaubnis des belgischen Königshauses ein kleines Schlösschen in Brüssel, weil er heimlich in König Leopold II. von Belgien verliebt war.

b. Beim Bau des Schlosses stürzten sich die Bauherren in enorme Unkosten. Ein Millionenkredit aus Bayern sicherte die Fertigstellung und verhinderte eine größere Blamage in der belgischen Presse. Durch diesen Kredit erhielt Bayern ein Erbpachtrecht bis 2045.

c. Das Schloss beherbergt die Vertretung des Freistaats Bayern bei der Europäischen Union.

19. Wer rief im November 1918 in Bayern den «Freistaat» aus?

a. Kurt Eisner

b. Artur Brauner

c. Karl Marx

20. Womit wickelte der Brandner Kaspar im Film «Der Brandner Kaspar» den Boandlkramer um den Finger?

a. Mit einer Portion Kaiserschmarrn mit Zwetschgenröster

b. Mit Kerschgeist

c. Mit einem frisch gezapften Bier[1]

Wenn Sie alle Fragen richtig beantwortet haben, sind Sie ein Streber! Bleiben Sie uns bloß fern, davon haben wir hier in Bayern schon genug.

....

1 Alleralleralerletzte Fußnote! Lösung: 1: c, 2: c, 3: b, 4: c, 5: a, 6: b, 7: c, 8: c, 9: b, 10: a, 11: c, 12: c, 13: a, 14: b, 15: b, 16: a, 17: b, 18: c, 19: a, 20: b

Danksagung

Franziska Wanninger dankt Martin Frank für seine Freundschaft, seine Zuverlässigkeit und sein unermüdliches Vertrauen in unsere Kreativität.

Martin Frank dankt Franziska Wanninger natürlich auch für ihre Freundschaft und ihr offenes Ohr, das für meine Probleme und Lebenslagen ständig auf Stand-by steht.

Wir bedanken uns
- für die wunderbare Rundumbetreuung in Sachen Buch- und Verlagsfragen bei unserer Agentin Valentina von Zitzewitz und bei der ganzen Agentur Zweigold.
- bei unserer wunderbaren Lektorin Susanne Frank vom Rowohlt Verlag. Sie hat von Anfang an an das Projekt geglaubt, uns immer alle Fragen beantwortet und findet uns obendrein auch noch lustig.
- bei Micha Marx für die wunderbaren, sehr treffenden Zeichnungen! Wir haben es ihm aber mit unseren kurzfristigen, verwirrenden und sprunghaften Änderungen auch leicht gemacht.
- bei unseren Protagonisten Anthony Rowley, Hartwig Reimann, Rainer Maria Schießler und Petra Perle für ihre Zeit, ihr Einverständnis und einen kleinen Blick in ihr Leben.
- für die wundervollen Gastbeiträge aus Franken, der Oberpfalz und Schwaben bei unseren Kollegen Michl Müller, Jürgen Kirner und Eckhard Greiner.

- für die beratende und seelische Unterstützung bei Christine Heinrich, Ursula Wanninger, Dr. Veronika Bernek, Florian Burgmayr, Karolina Lang und Lena Klauss.
- bei unseren Experten in sämtlichen Fachgebieten: Bayerischer Landesverein für Heimatpflege, Trachteninformationszentrum des Bezirks Oberbayern, Raik Bornholt, Katrin Flogaus, Albert Fritz, Thomas Grasberger, Eckhard Greiner, Prof. Albrecht Greule, Jörg Kaiser, Ludwig Langwieder, Inga Masina, Michael Ritter, Prof. Anthony Rowley, Prof. Hermann Scheuringer, Rainer Maria Schießler, Gila Sonderwald, Daniel Thürauf, Matthias Thürauf, Alexander Wandinger, Dr. Elmar Walter, Julia Weber.
- bei unseren «Native Speakers» und ihren Vermittlern für die vielen Dialektwörter und Redewendungen aus den unterschiedlichsten Ecken Bayerns und des bairischen Sprachraums: Anne Axmann, Dr. Veronika Bernek, Simone Eichinger, Maria Furtmayr, Quirin Furtmayr, Wolfgang Huber, Claudia Ilg, Jörg Kaiser, Eva Karl-Faltermeier, Volker Keidel und der Sportchat Würzburg, Barbara Mohrenweis, Sepp Müller, Erwin Nebel, Manfred Niederwieser, Familie Ohmayer, Anna Schmid, Stefanie Schulze, Magdalena Thannhuber, Matthias Thürauf, Tom Wagner.
- bei Claudia Schlenger und Hanns Meilhamer, dafür, dass sie in sämtlichen privaten und künstlerischen Fragen immer für uns da sind.

200

Verwendete Literatur

Bayerisches Staatsministerium für Unterricht und Kultus: *Dialekte in Bayern: Handreichung für den Unterricht*, MDV, 2006.

Beck, C.H., *Zeitschrift für bayerische Landesgeschichte*, 2011.

Bolle, Martin et al.: *Das Buch zum Fluch*, Süddeutsche Zeitung Verlag, 2014.

Dewiel, Lydia L.: *Bayerisch Schwaben – Kultur, Geschichte und Landschaften zwischen Ries und Lechfeld*, DuMont Buchverlag, 1990.

Dimpfl, Monika: *Karl Valentin Biografie*, dtv, 2017.

Eisbrecher, Rudolph / Fritz, Karl August: *Das große Buch der Bauernregeln & Sprichwörter*, Anaconda 2013.

Fiedler, Teja: *Mia san mia: Die andere Geschichte Bayerns*, Piper, 2014.

Franke, Susanne / Hackl, Stefan: *Die Wahrheit über Pumpernudel*, Nymphenburger Verlag 2010.

Graf, Oskar Maria: *Gelächter von außen*, Allitera Verlag, 2009.

Grasberger, Thomas: *Grant – Der Blues des Südens*, Diederichs Verlag 2013.

Hartmann, Waldemar, *Populäre Bayernirrtümer*, be.bra verlag 2010.

Hirschkäfer, Max: *Absolut München: Das München-Sammelsurium*, Hirschkäfer Verlag, 2013.

Hofmeier, Franz: *Bayern und seine Könige*, Wochenschau Verlag, 2015.

Holbein, Ulrich: *Heilige Narren: 22 Lebensbilder*, Marix Verlag, 2012.

Huber, Gerald: *Und Tschüss: Eine kleine bairische Wortkunde*, 2004 (Audio-CD).

Huber, Gerald: *Hubers Bairische Wortkunde: Wissen, woher Wörter kommen*, Volk Verlag, 2017.

Jonas, Bruno: *Gebrauchsanweisung für Bayern*, Piper, 2004.

Kinast, Nikolai: *Hundsbua – Schimpfen und Fluchen auf Bairisch*, Langenscheidt Verlag, 2014.

König, Werner: dtv-Atlas: *Deutsche Sprache*, dtv, 2011.

König, Werner: *Kleiner Bayerischer Sprachatlas*, dtv, 2006.

Körner, Hans-Michael: *Geschichte des Königreichs Bayern*, C. H. Beck, 2006.

Krafft, Sybille: *Bayerische Volksschauspieler*, Allitera Verlag, 2013.

Liedtke, Rüdiger: *111 Orte in München, die man gesehen haben muss*, Emons Verlag, 2014.

Liedtke, Rüdiger: *111 Orte in München, die Geschichte erzählen*, Emons Verlag, 2018.

Lohse, Judith: *München geheim*, August Dreesbach Verlag, 2016.

McCormack, R. W. B.: *Tief in Bayern*, Goldmann Verlag, 2002.

Polt, Gerhard: *Circus Maximus*, Zürich, 2002.

Ringseis, Monika: *Bayerische Witze*, Rosenheimer Verlagshaus, 2014.

Rogasch, Wilfried: *Bayern in 24 Kapiteln*, Hirmer Verlag, 2015.

Rottmeir, Johann: *A Hund bist fei scho*, Volk Verlag, 2015.

Rottmeir, Johann: Bazi, Blunzn, Breznsoizer, Volk Verlag, 2015.

Rottmeir, Johann: *Jetzt gherst da Katz*, Volk Verlag, 2016.

Schießler, Rainer Maria: *Himmel – Herrgott – Sakrament*, Kösel-Verlag, 2016.

Sobisch, Jens: *Fränkisch – das Deutsch des Franken*, Reise Know-How Verlag, 2015.

Stanly, Mirela und André: *Unnützes Wissen München*, emons Verlag 2014.

Starzinger, Philipp: *Bayern-Sammelsurium*, Heyne Verlag, 2018.

Still, Sonja: *Bayerns Mythen*, Allitera Verlag, 2019.

Valentin, Karl: *Sämtliche Werke*, München 1996.

Von Heigel, Karl Theodor: *König Ludwig I., König von Bayern*, Vero Verlag, 2016.

Wolff, Moses: *Ozapft is'!*, Goldmann, 2012.

Zehetner, Ludwig: *Basst scho!: Wörter und Wendungen aus den Dialekten und der regionalen Hochsprache in Altbayern*, edition vulpes, 2016.

Zehetner, Ludwig: *Basst scho! Band 2: Weitere Streiflichter auf die deutsche Sprache in Altbayern*, edition vulpes, 2010.

Zehetner, Ludwig: *Bairisches Deutsch*, edition vulpes, 2005.

Zehetner, Ludwig et al.: *Das bairische Dialektbuch*, München, 1985.

Internetquellen

https://www.allgaeu.de/

http://www.bairische-sprache.at/

http://www.bayern.de

http://www.bayern-im-web.de/

http://www.fbsd.de/

http://www.schwuhplattler.de/

http://www.trachtenverband-bayern.de/

https://daby.bayern.by/

https://www.bayerisch-schwaben.de/

https://www.bayern.by/

https://www.bund-bairische-sprache.de/

https://www.dein-allgaeu.de/

https://www.fjs.de

https://www.geopark-ries.de/

https://www.hdbg.de/basis/

https://www.heimat-bayern.de

https://www.herrenchiemsee.de/

https://www.historisches-lexikon-bayerns.de/

https://www.katholisch.de

https://www.muenchen.de/

https://www.u-bahn-muenchen.de/

https://wbf.badw.de/das-projekt.html

https://www.weisswurstbayern.de

Nur der Vollständigkeit halber ... aus diesen Medien haben wir uns Informationen geholt

https://www.augsburger-allgemeine.de/
http://www.br.de
https://www.br.de/radio/bayern2/sendungen/zeit-fuer-bayern/
https://www.br.de/capriccio
https://www.focus.de/
https://www.merkur.de/
https://www.mittelbayerische.de/
https://www.nordbayern.de/
https://www.ovb-online.de/
https://www.schwaebische.de/
https://www.spiegel.de

https://www.sueddeutsche.de/
https://www.tz.de/muenchen/
https://www.welt.de/

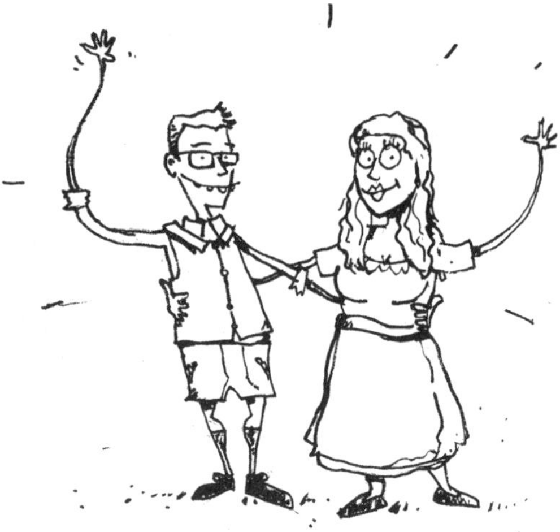